PARA
QUEM
GOSTA DE
GERENCIAR

ALFREDO BRAGA FURTADO

2018

Alfredo Braga Furtado

PARA QUEM GOSTA DE GERENCIAR

Belém-Pará-Brasil
Edição do Autor
2018

Projeto Gráfico: Alfredo Braga Furtado
Capa: Fernando Allan Delgado Furtado
Editoração Eletrônica: Alfredo Braga Furtado
Revisão: Fernando Allan Delgado Furtado.

Furtado, Alfredo. 1955-
Para Quem Gosta de Gerenciar /Alfredo Braga Furtado. Belém:
abfurtado.com.br, 2018, 180p.
ISBN: 978-85-455122-8-8.
    1. Crônicas. 2. Questões de Gestão. 3. Casos. I. Título.

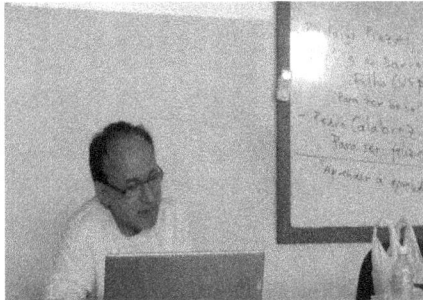

Alfredo Braga Furtado (foto by Cláudia Santo).

A RESPEITO DO AUTOR DESTA OBRA:

Alfredo Braga Furtado é doutor em Educação Matemática (Modelagem Matemática) pelo Instituto de Educação Matemática e Científica (IEMCI) da UFPA; possui mestrado em Informática pela PUC/RJ e especialização em Informática pela UFPA. Aposentou-se como professor associado da Faculdade de Computação do Instituto de Ciências Exatas e Naturais da UFPA. É escritor. Foi analista de sistemas da UFPA de 1976 a 1995. Foi professor da UFPA de 20/08/1978 a 21/02/2018.

Contatos: abf@ufpa.br, abf2000@uol.com.br, www.abfurtado.com.br.

LANÇADOS EM DEZEMBRO/2018

01) 2018: "*Elementos de Didática das Engenharias*"; ISBN: 978-85-455122-6-4; o livro apresenta elementos de Didática voltados para o desenvolvimento de habilidades e de competências exigidas nas profissões da área de Engenharia; além da aula expositiva, descreve dezenove outros métodos ou técnicas de ensino que o professor de disciplina de curso de graduação em Engenharia pode utilizar;

02) 2018: "*Elementos de Didática da Química*"; ISBN: 978-85-455122-7-1; o livro apresenta elementos de Didática voltados para o desenvolvimento de habilidades e de competências exigidas nas profissões da área de Química (bacharel e licenciado); além da aula expositiva, descreve dezenove outros métodos ou técnicas de ensino que o professor de Química pode utilizar;

03) 2018: "*Para Quem Gosta de Gerenciar*"; ISBN: 978-85-455122-8-8; o livro contém notas curtas que abordam tópicos de gerência (Habilidades do administrador, Força do capitalismo, Maquiavel e a mudança, Exemplos de persistência, Segredo da mes-

tria, Quando Direito é prioridade, As fases de um projeto, A lei de Parkinson, Princípio de Pareto, Preço do pioneirismo, Como ficar rico?, Conceituando visão de futuro e 113 outras notas);

04) 2018: "*Mais Casos e Percepções de 2018*"; ISBN: 978-85-455122-9-5; o livro é uma continuação do livro "Casos e Percepções de um Professor" (publicado em 2016); contém crônicas escritas no segundo semestre de 2018;

LANÇADOS EM OUTUBRO/2018:

05) 2018: "*Elementos de Didática da Matemática*"; ISBN: 978-85-455122-3-3; o livro apresenta elementos de Didática voltados para o desenvolvimento de habilidades e de competências exigidas nas profissões da área de Matemática (bacharel e licenciado); além da aula expositiva, descreve vinte e um outros métodos ou técnicas de ensino que o professor de Matemática pode utilizar;

06) 2018: "*Elementos de Didática da Física*"; ISBN: 978-85-455122-4-0; o livro apresenta elementos de Didática voltados para o desenvolvimento de habilidades e de competências exigidas nas profissões da área de Física (bacharel e licenciado); além da aula expositiva, descreve dezenove outros métodos ou técnicas de ensino que o professor de Física pode utilizar;

07) 2018: "*Elementos de Didática das Ciências Naturais*"; ISBN: 978-85-455122-5-7; o livro apresenta elementos de Didática voltados para o desenvolvimento de habilidades e de competências exigidas na Licenciatura de Ciências Naturais; além da aula expositiva, descreve dezenove outros métodos ou técnicas de ensino que o professor de matemática pode utilizar;

LANÇADOS EM JULHO/2018:

08) 2018: *"Elementos de Didática da Computação"*; ISBN: 978-85-913473-8-4; o livro apresenta elementos de Didática voltados para o desenvolvimento de habilidades e de competências exigidas nas profissões da área de computação; além da aula expositiva, descreve dezenove outros métodos ou técnicas de ensino que o professor de computação pode utilizar;

09) 2018: *"Para Ensinar Melhor"*; ISBN: 978-85-455122-2-6; o livro contém notas curtas que abordam tópicos de didática, docência superior, experiência didática;

10) 2018: *"Outros Casos e Percepções"*; ISBN: 978-85-455122-0-2; o livro é uma continuação do livro "Casos e Percepções de um Professor", publicado em 2016; contém crônicas escritas em 2017;

11) 2018: *"Um Pouco da Minha Vida: Novos Casos e Percepções"*; ISBN: 978-85-455122-1-9; o livro é uma continuação do livro "Casos e Percepções de um Professor", publicado em 2016; contém crônicas escritas em 2018;

12) 2018: *"Empreender é a Questão"*; ISBN: 978-85-913473-9-1; o livro apresenta elementos para o empreendedorismo, abordando os principais conceitos de interesse de quem pretende empreender.

LIVROS LANÇADOS ENTRE 2017 E 2009:

13) 2017: *"Como Escrever Artigos Científicos, Dissertações e Teses"*; ISBN. 978-85-913473-7-7; o livro mostra como estruturar artigo acadêmico (seção a seção), dissertação ou tese, capítulo a capítulo; como evitar plágio; apresenta erros mais comuns de redação cometidos pelos estudantes;

14) 2017: *"Como Escrever Trabalhos de Conclusão de Curso (Graduação)"*; ISBN: 978-85-913473-7-7; o livro mostra como estruturar TCC, capítulo a capítulo; como evitar plágio; apresenta erros mais comuns de redação cometidos pelos estudantes;

15) 2017: Adilson O. Espírito Santo; Alfredo Braga Furtado; Ednilson Sergio R. Souza (org.). *"Modelagem na Educação Matemática e Científica: Práticas e Análises"*. Belém: Açaí, 2017; ISBN: 978-85-6158-108-4; contém artigos produzidos pelos participantes do Grupo de Estudos em Modelagem Matemática (GEMM do PPGECM do IEMCI da UFPA) em 2016;

16) 2016: *"Tópicos de Modelagem Matemática"* (com Manoel J. S. Neto); ISBN: 978-85-913473-4-6; contém tópicos constantes das teses dos autores;

17) 2016: *"Casos e Percepções de um Professor"* (livro de crônicas; contém casos engraçados ou que levam a aprendizagem para a vida; contém percepções do autor); ISBN: 978-85-913473-5-3;

18) 2015: *"Questões de Concursos Públicos para Analistas de Sistemas"*; ISBN: 978-85-913473-2-2; preparatório para concurso público – contém mais de 300 questões de concursos públicos, com respostas e comentários, sobre os assuntos que constam dos programas de concursos para analistas de sistemas (assuntos das questões: engenharia de software, bancos de dados, redes de computadores, etc.); a maior parte das mais de 300 questões que constam do livro foi elaborada por mim mesmo para concursos públicos reais, de cujas bancas elaboradoras participei nos últimos anos; a propósito, com a publicação do livro, decidi não mais participar destas bancas; além das questões próprias, incluí também umas poucas questões do Enade (Exame Nacional de Desempenho) realizado pelo INEP/MEC e do POSCOMP (Sociedade Brasileira de Computação);

19) 2015: *"A Volta da Tartaruga Sapeca"* (livro infantil); ISBN: 978-85-913473-3-9;

20) 2013: *"Curso de Construção de Algoritmos (com Java)"* (com Valmir Vasconcelos); ISBN: 978-85-913473-1-5; todos os algoritmos construídos ao longo do livro são codificados em Java;

21) 2012: *"A Tartaruga Sapeca"* (livro infantil): ISBN: 978-85-913473-0-8;

22) 2010: *"Prática de Análise e Projeto de Sistemas"* (com Júlio Valente da Costa Júnior); ISBN: 978-85-61586-15-7; apresenta, em 496 páginas, conteúdo básico sobre engenharia de software (com UML); no fim de cada capítulo, lista de exercícios (incluindo questões do Enade e do POSCOMP) com respostas.

23) 2009: *"Páginas Recolhidas: Política, Educação, Administração, Artigos, Valores, Crônicas e outros temas"*; ISBN: 978-85-61586-08-9; crônicas sobre vários assuntos são reunidas no livro.

AQUISIÇÃO DE EXEMPLARES DOS LIVROS ACIMA

Exemplares dos livros em formato pdf (com exceção do livro 15) podem ser comprados diretamente com o autor: contatos pelo e-mail abf@ufpa.br ou por meio do www.abfurtado.com.br (é preciso informar nome completo e CPF; estes dados constarão do rodapé das páginas do pdf).

PREÇOS

LIVROS DE DIDÁTICA: *exemplar a R$ 20 (vinte reais)*.

LIVROS INFANTIS: exemplar a *R$ 10 (dez reais)*.

DEMAIS LIVROS: *exemplar a R$ 15 (quinze reais)*.

OBS.: não comercializo o livro 15 da lista.

Para meu pai, Matheus (*in memoriam*)
Para minha mãe, Beatriz (*in memoriam*)
Para meus irmãos, Paulo, Matheus e Mariza
Para meus filhos, Alfredo André e Fernando Allan
Para ela.

Apresentação

Adoto neste livro o mesmo estilo de minha série de "Casos e Percepções": as notas curtas (poucas linhas, meia página ou no máximo uma). Mas há neste livro também notas longas, quando o assunto assim o exige. Todas têm alvo comum: a função gerencial.

Algumas notas são inéditas; algumas eu retirei dos livros de crônicas; algumas, eu adaptei do meu livro "Empreender é a Questão", lançado em julho/2018. Há uma tônica predominante: relatar um caso, uma situação, do qual se possa extrair algum ensinamento para o gestor. Para estas notas, finalizei com "moral da história", em que sintetizo o que se pode aprender com o caso contado.

Como as notas são redigidas? Vou buscar a resposta em livros de crônicas anteriores; por isso, as aspas.

"Procuro exercitar a concisão nos textos. Há ocasiões em que levo algum tempo procurando a palavra exata, que me permita escrever menos. É idiossincrasia do nosso tempo que as coisas sejam breves. Sigo este lema. Por isso, os casos são contados sem palavras desnecessárias, com alvo determinado, do qual procuro não me afastar. Eu até poderia prolongar aqui e ali, fazer uns enxertos para alongar os casos, antes do desenlace. Mas não me concedo esta liberdade para cumprir o propósito da brevidade. Outra coisa: fujo dos clichês, das redundâncias, da topologia pronominal incorreta, dos erros de concordância, da ambiguidade, da deselegância, da prolixidade, da má sonoridade das frases" (extraído da apresentação de meus livros ´Outros Casos e Percepções´ e ´Um Pouco da Minha Vida: Novos Casos e Percepções´, lançados em julho deste ano)".

"Havendo erros – e é certo que os há – é por incorreção de origem (quero referir as coisas que realmente ignoro e que, por isso, ficam no texto) ou falha de revisão (quero referir as coisas que sei, mas que escapam): minha em primeira instância, em segunda instância dos meus filhos (André e Fernando), que reveem para mim; e em última instância, eu mesmo, já que revejo a revisão deles" (idem).

"Em grande parte das vezes eu apenas proponho uma situação, sem extrair conclusões. Às vezes, a chave da nota é posta no título, e o texto sequer a menciona. O leitor que perscrute o sentido da nota e tire suas conclusões, como quiser" (idem).

"Que a leitura possibilite reflexão, conhecimento, riso" (idem).

Belém/PA, 5/12/2018.

SUMÁRIO

UMA CASA NO CAMPUS

Eu participei da Associação de Pós-graduandos da PUC/RJ (APG) no período 1982-1983 como membro representante da Informática. O presidente da entidade à época, Luiz Carlos, era aluno oriundo da Universidade Federal de Pernambuco, mestrando da área de Física. Findo o seu mandato, ele me indicou como presidente para sucedê-lo. Meu nome foi homologado pela diretoria da associação. Meu objetivo ao aceitar a indicação: aprender no exercício do cargo, interagir com pós-graduandos de todas as áreas, viajar pelo sul e sudeste, participando de eventos. Além disso, havia uma regalia a mais para os dirigentes da entidade.

A APG compartilhava uma casa no campus com a Associação de Docentes da universidade.

Com a ocupação da presidência da entidade, me enfronhei nos problemas da pós-graduação no país, e pude aprender a conduzir reuniões em meio a opiniões discordantes, buscando alcançar solução conciliatória que represente uma convergência aceitável para todas as partes envolvidas, senão para a maioria dos participantes.

Mas havia benesses no cargo também: não era só trabalho pela pós-graduação. Com as viagens frequentes para representar a entidade em vários lugares, pude conhecer toda a região Sul e Sudeste do país. Além disso, passei a usufruir por um ano da casa no campus onde estava instalada a associação. Isto me permitia descansar ou dormir na universidade quando me era conveniente.

MORAL DA HISTÓRIA: Como as atividades do mestrado em Informática eram realizadas à tarde, resolvi fazer curso de extensão em administração na própria PUC à noite. Quando apareceu a oportunidade de dirigir a APG, vi como uma chance de aplicar o que havia aprendido.

INUNDAÇÃO DA SALA DA VIZINHA

A sala de uma vizinha começou a inundar inexplicavelmente. Ela mandou remover o piso atrás de descobrir a razão. Concluiu que a água provinha da minha casa. Não há espaço entre as duas paredes. Vejam só o problema que eu tinha pela frente! Eu não admitia prejudicar um vizinho; além disso, quem poderia dizer que a água não abalaria a estrutura da minha casa? Portanto, eu tinha que encontrar uma solução.

Depois que ela me mostrou – me convenci que tinha razão –, autorizei que seus operários escavassem a calçada de casa, em ponto que ela mesma havia indicado, para ver se encontravam algum rompimento na tubulação que justificasse o vazamento.

Registre-se que a construção da casa dela é anterior à minha. Há quinze anos terminei a construção desta casa.

Feita a escavação em dois pontos na calçada, nada foi encontrado. Ela me contatou então para pedir autorização para escavar agora dentro de casa, começando pela sala; se nada fosse descoberto, iria para a cozinha. Enquanto isso sua sala continuava a inundar em determinados horários.

Disse-lhe que eu iria analisar alternativas para solução do problema, antes de autorizar a escavação do piso da minha sala, já prevendo que teria que trocar todo o revestimento se o trabalho viesse a ser feito.

Analisei a situação: realmente, a água que inundava a sala da vizinha provinha da minha casa. Conclusão óbvia: o encanamento de casa tinha algum furo, quem sabe não seria decorrente de algum cano enferrujado e com furos? Fiz o cálculo do custo para refazer todo o encanamento da casa e os rebocos necessários. Compulsando custos e benefícios desta solução, vi que era melhor do que escavar a sala, e depois a cozinha, sem certeza de que encontraria a razão do problema. Deixando de lado a dúvida pela certeza, optei por fazer novo encanamento e desativar o anterior. Isto feito, problema resolvido sem nenhuma nova escavação infrutífera. Não mais apareceu uma gota sequer de água na sala da vizinha.

MORAL DA HISTÓRIA: Por que esta nota está aqui? Há situações em que o gerente se encontra encurralado: as alternativas que dispõe não são boas. É necessário pensar em todas as alternativas. Não necessariamente somente na que venham a lhe propor. É o caso de analisar calmamente todas elas, sob todos os ângulos. E persistir na busca da melhor. É o que este caso mostra.

SOLUÇÃO QUESTIONADA... POR UM TEMPO

Como coordenador de curso, comentei outro dia, enfrentamos situações difíceis, que, às vezes, escapam da estrita aplicação do regimento da instituição. Há gestores que se atêm ao regimento. Apesar de achar que não se deva fazer ilegalidade, eu penso que podemos ir, em alguma situação, um pouco além do regimento. Com isto quero dizer: fazer algo que não está explícito nele, mas que é legal. Se fosse para limitar-se a ele, até que tudo seria mais fácil e previsível, mas, certamente a gestão seria amarrada e pouco produtiva.

Avaliem a situação: o representante da turma me pediu que comparecesse à sala para debate a respeito da situação de uma disciplina concluída que, na avaliação dele, não foi bem ministrada: o professor não havia ministrado todas as aulas, estas tinham ficado no encargo de um orientando do docente, razão alegada para não ter havido aprendizagem. Como mencionei em outra nota deste livro, me recuso a participar de reunião na sala para tratar deste tipo de questão (prefiro a reunião em colegiado). Para a questão posta encaminhei solução nos termos que julguei mais apropriada.

Antes de tudo, eu comentei que o problema tinha que ter sido comunicado em tempo à coordenação, não só depois de concluída a disciplina; meu procedimento teria sido conversar com o professor para encontrar solução tempestiva para o caso.

Na sua visão simplificadora, o representante havia sugerido que a disciplina fosse ministrada de novo por outro professor.

Comentei que eu não teria como fazer isto: que justificativa apresentar à administração a respeito de realizar duas vezes uma disciplina? Havia ainda a questão financeira, o duplo pagamento estava fora da programação. Se eu fizesse isso, teria que relatar à administração o ocorrido: isto alcançaria o professor, que teria que responder processo. E mais grave: ponderei que a questão teria outros desdobramentos. Como este processo não teria desenlace rápido, a turma presente seria ainda penalizada: agora quanto à conclusão do curso, que não ocorreria na data prevista. Haveria atrasos inevitáveis no cronograma. Pior: haveria ainda implicações para a próxima turma, já que a anterior teria que ser concluída para iniciar a nova. Disse ao representante que eu daria outra solução: programaria minicurso para cobrir o conteúdo questionado, como atividade de nivelamento, com recurso devidamente provisionado no cronograma financeiro do curso.

Este representante de turma questionou duramente minha solução para o caso, a despeito dos argumentos que eu apresentei. No fim, ficou como eu encaminhei. Quem reapresentou o assunto não aprendido se saiu muito bem, fato reconhecido unanimemente em avaliação que apliquei depois do minicurso. Assim, eliminei qualquer possibilidade de crítica de alguém apontar conteúdo não ministrado apropriadamente na avaliação final do curso.

Três anos depois, este representante de turma, agora como coordenador de curso em outra instituição, tinha vivenciado situação semelhante. Aí, enfim, ele compreendeu por que eu tinha adotado aquela solução que ele tanto criticara como aluno. Fez questão de se desculpar comigo por não ter tido discernimento de ver, naquela altura, que eu tinha razão, e que tinha adotado a melhor solução para a circunstância. Ele reconhecia agora que realmente há condicionamentos que nos levam a buscar solução menos conflituosa e onerosa, até fora do regimento, para não colocar em risco o cronograma do curso e a continuidade do projeto.

MORAL DA HISTÓRIA: recebi pressão forte, dei todas as explicações da forma como julgava correto, sem omitir nenhum argumento. O líder dos estudantes tinha visão diferente, talvez por suas experiências passadas na instituição de ensino onde tinha estudado. Quando afinal recebi sua mensagem anos depois, fiquei feliz pelo aprendizado que o episódio lhe proporcionou.

SENTADA SOBRE O PROCESSO

Eu tinha interesse em um processo de criação de curso de pós-graduação lato sensu (especialização) autofinanciado, submetido à Pró-reitoria de Pesquisa e Pós-graduação (PROPESP) da UFPA. O prazo previsto para início das inscrições no curso se avizinhava, sem que eu recebesse autorização para iniciá-las. Eu soube que uma professora do Instituto de Educação (participante da diretoria da Adufpa, que anos depois viria a presidir a entidade) era contrária à criação de tais cursos, e tinha ficado com o processo para análise, sem deliberar por mais de seis meses, claramente para evitar seu início.

Em uma sexta-feira, preocupado por não ter resposta a dar para os interessados em participar do curso e vendo o prazo para início aproximar-se, já adiado duas vezes, liguei para a PROPESP. Perguntei ao diretor de pós-graduação se ele era contrário à realização do curso. Respondeu que não. Havia outro membro da tal comissão encarregada da análise dos projetos. Perguntei qual era a posição dele. O diretor me respondeu que era favorável. Então fui contundente com o diretor:

– Ora, o senhor tem todos os elementos para tomar uma decisão. Não se omita. Se há alguém contrário, tudo bem, registre sua manifestação, mas fica aprovado o projeto com o resultado 2 a 1. Concordo que se busque unanimidade, mas nem sempre vai ocorrer, e temos que saber quando é o caso. Só não há é justificativa para protelar o início do projeto pela terceira vez porque, mesmo não havendo impedimento legal, regimental, ou de outra natureza, só por contrariar posição ideológica de alguém, que se acate a posição minoritária como se majoritária fosse; registre-se isto, mas encaminhe o processo para a elaboração da portaria e o curso possa ser iniciado.

Na segunda-feira, recebi a autorização para iniciar as inscrições.

MORAL DA HISTÓRIA: Neste caso fui até o limite do que seria possível para aceitar opiniões divergentes. Como havia prazos envolvidos, isto me facilitou para saber qual era o momento certo de fazer a pressão mais forte. A resposta que eu devia aos interessados do curso, depois de dois adiamentos, foi determinante para eu subir o tom com o diretor da PROPESP.

PROBLEMA DE COMUNICAÇÃO

A dificuldade mencionada na nota anterior a que o professor está sujeito é a mesma por que passa o engenheiro de software que se vale do que lhe informa o especialista na área de conhecimento para a qual o software vai ser desenvolvido. A respeito deste problema, Pressman (2002) reproduz o que um "stakeholder" (interessado) disse para o engenheiro de software (no livro tal "stakeholder" é classificado de infame). E o que ele disse para desagradar tanto? Talvez seja necessário ler mais de uma vez para alcançar a abrangência e a profundidade do que é dito:

– Eu sei que você acredita que entendeu o que pensa que eu disse, mas não estou certo de que você reconhece que o que você ouviu não é o que eu quis dizer (Pressman, 2002, p. 266).

MORAL DA HISTÓRIA: Os livros do PMI[1] citam que 90% do tempo do gerente é consumido comunicando-se, seja com patrocinadores, seja com clientes, seja com membros de sua equipe. O reforço feito aqui é para que haja o convencimento da importância do papel de comunicador que o gerente deve desempenhar para ter sucesso no seu trabalho. Omitir-se desta função provavelmente lhe acarretará problemas com os resultados dos projetos sob sua responsabilidade.

INDUÇÃO E AUTOINDUÇÃO

Certa feita, uma amiga me fez uma pergunta que não tomei como casual. Eu lhe respondi de pronto, mas me ficou marcado o questionamento. Por quê? Não sei explicar. Muitos anos depois, eu lhe lembrei da pergunta que me tinha feito. Ela disse que não se lembrava.

Extraindo uma conclusão do episódio: ao falar algo para alguém, casualmente ou não, podemos induzi-la a dado comportamento ou não. Ela pode refletir momentaneamente a respeito do que foi dito, e descartá-lo sem registro. Mas também pode assimilálo, mesmo sem fazer nada como seguimento imediato, e, no futuro, lançar mão da sua lembrança.

Exatamente a mesma coisa pode ocorrer conosco com o que nos dizem. Podemos ignorar por completo, sem registro. Ou podemos dar seguimento, imediato ou futuro. Ou seja, o que nos foi dito pode induzir-nos ou não uma ação como resultado ou consequência.

Em que situações somos capazes de induzir alguma ação em alguém? Em que situações ficamos mais suscetíveis a ser induzidos pelo que nos dizem?

Resposta para as duas perguntas: não sei.

---

[1] PMI – Project Management Institute.

SÓ UMA ESTRELA ISOLADA

Na bandeira brasileira, cada estrela representa uma unidade da federação e o Distrito Federal (Brasília). A posição respectiva de cada unidade na bandeira revela o céu como visto no Rio de Janeiro no dia da Proclamação da República, em 15 de novembro de 1889.

Há só uma estrela sobre a faixa que contém o lema "Ordem e Progresso": a que representa o estado do Pará.

Por enquanto, esta posição de realce representada na bandeira pelo Pará não tem sido lembrada pelo governo do Estado e nem pelos paraenses como símbolo que poderia ser utilizado como fator motivador para mobilizar seu desenvolvimento. Serve tão só para indicar de onde descem as riquezas que alimentam a federação (riquezas naturais – minérios e energia elétrica, para ficar em dois exemplos).

Exemplo recente desta exploração: o anúncio da instalação de fábrica chinesa no Maranhão para beneficiar o ferro extraído da Serra de Carajás. É mais um caso em que ficaremos apenas com o vazio da riqueza que nos é levada e com os malefícios ambientais decorrentes da extração do minério.

POR QUE É IMPORTANTE

É o que sempre procuro fazer no início de cada disciplina que ministro: a primeira aula é para apresentar o plano de trabalho, e dizer por que a disciplina é importante, e qual é a relevância em relação a outras do mesmo período. É uma aula (normalmente duas horas-aula) para esmiuçar este assunto.

Se a disciplina consta da grade curricular, há razões específicas para isto. É o que repasso nessa aula.

Aí vejo um estudante em rede social dizer que não entendia a razão de ser de certas disciplinas que teve que estudar. Ele citou uma das que lhe ministrei: Educação Ambiental.

No caso específico, eu comentei em sala que a Política Nacional de Educação Ambiental (PNEA) foi proposta pela lei 9.795 de 27/4/1999. O artigo 2º desta lei estabelece que a educação ambiental é componente permanente da educação nacional, como tema transversal (isto significa que passa por todos os níveis e por todas as modalidades de ensino), em caráter formal e não formal. É para atender esta imposição legal que os estudantes dos cursos superiores têm a disciplina. Não se trata de decisão local da Faculdade de Computação do ICEN/UFPA, portanto, a inclusão da disciplina no currículo dos cursos que mantém. Além disso, expliquei que a questão ambiental é universal, e afeta a vida de cada cidadão em particular, pois ele tem muito com que preocupar-se. Por exemplo: a destinação de seu lixo, o esgoto de sua casa, a água e a energia que consome e que eventualmente desperdiça, o seu nível de consumo e o que pode daí ser reciclado. Da mesma forma, estas questões podem ser aplicadas a outros agrupamentos de que ele participa: bairro ou comunidade, empresa, cidade, etc.

Cheguei a lembrar-lhes a máxima do pensamento ecologista: "pensar globalmente, agir localmente". Se fizermos o que prega a máxima, estaremos atentos às questões globais que afetam o planeta e também, cada um, no seu micromundo, atuará para proteger, para preservar, para recuperar, para conservar o meio ambiente. Enfatizei que devemos abandonar a visão antropocêntrica (nossa espécie como dona absoluta do universo): não podemos ignorar a fauna, a flora, os santuários na natureza.

Como profissionais de nível superior, eles se envolverão com implantação de projetos, com construções, com gestão de empresas; estes trabalhos exigirão percepção das questões ambientais citadas, de alguma forma.

Último argumento que reforça a importância da disciplina "educação ambiental": onde a pessoa estiver em dado momento, olhe em torno (uma vista de 360 graus): veja quantas intervenções são necessárias para que o entorno fique em conformidade com as exigências ambientais: lixo, esgoto, consumo de água e energia, desperdícios, degradação ambiental por intervenção indevida, eliminação de combustíveis fósseis, dentre outras questões.

Pensei cá com a etiqueta da camisa (pois as que tenho usado ultimamente não têm botões): mais uma vez, eu me esforcei em tornar claro algo sem conseguir.

É a sina dos professores: esquadrinhar um assunto, olhando-o por todos os ângulos possíveis, antecipando questionamentos concebíveis, mesmo os mais inesperados. E isto com preocupação constante com clareza, compreensibilidade, acessibilidade. E aí, constatamos, depois: não foi suficiente! Era preciso ter ido mais fundo! Aí, não há o que fazer, fica para a próxima vez!

O CLIENTE É O ALUNO

Muitos professores não se dão conta disto: os clientes do seu serviço são os alunos. Aliás, para que professor se não há aluno?

Alguns professores tratam os alunos como se não houvesse esta dependência. Como se sua profissão não existisse em decorrência de o aluno precisar aprender. E se não aprende, o culpado não é só o estudante. Havendo honestidade profissional, caberia investigar as razões por que não houve aprendizagem, e atuar para superá-las.

Lembro o caso de uma escola pública de ensino médio em que os professores foram mobilizados para conseguir alunos e, assim, poderem garantir seu trabalho. Por que os alunos se foram? Ora, a escola era tão ruim – má gestão diretiva e pedagógica, professores descomprometidos – que os pais dos estudantes preferiam pagar, com dificuldade, uma particular do que deixar seus filhos onde não aprendiam o devido.

HABILIDADES DO ADMINISTRADOR

Robert L. Katz *apud* Chiavenato (1999) afirma que o sucesso do administrador depende mais do seu desempenho (do que ele faz) do que de traços particulares de personalidade (do que ele é). Uma habilidade aqui é a capacidade que o administrador tem de transformar conhecimento em ação, e que resulte em desempenho desejado. Katz cita três tipos de habilidades importantes para o desempenho administrativo bem-sucedido: técnicas, humanas e conceituais.

As *habilidades técnicas* referem-se ao uso de conhecimento especializado e à facilidade na execução de técnicas e procedimentos aplicados no trabalho. Exemplo: habilidade de programar computadores, habilidade com uso de planilhas, habilidade com alguma tecnologia em particular (Chiavenato, 1999).

As *habilidades humanas* envolvem a interação com pessoas; facilidade de relacionamento interpessoal e grupal. Relacionam-se à capacidade de comunicação, de motivação, de coordenação, de liderança e de resolução de conflitos individuais ou coletivos. O fortalecimento da cooperação em grupo, o incentivo à participação sem receios e o engajamento das pessoas constituem habilidades humanas (Chiavenato, 1999).

As *habilidades conceituais* dizem respeito à visão da organização como um todo, à facilidade de trabalhar com ideias, conceitos, teorias e abstrações. As habilidades conceituais exigem a compreensão das várias funções da organização, e como elas se inter-relacionam, como ela interage com seu ambiente e como as mudanças em uma parte da organização afetam as outras. Estas habilidades envolvem o pensamento, o raciocínio, o diagnóstico de situações e a proposição de alternativas de solução de problemas.

São, portanto, as capacidades cognitivas mais importantes do administrador: permitem que ele planeje o futuro, perceba oportunidades que ninguém mais vê (Chiavenato, 1999).

ADMINISTRAÇÃO NA ANTIGUIDADE?

A teoria administrativa tem pouco mais de cem anos de história. É importante saber como a administração caminhou para chegar onde estamos.

Se olharmos a história, encontraremos construções que exigiram conhecimento de administração para que chegassem ao fim.

A construção das pirâmides egípcias é um exemplo. Como conceber estas construções sem planejamento, sem organização?

De Masi (2003) afirma que para construir a pirâmide de Quéops (a mais famosa das pirâmides egípcias, com data de construção em 2.550 a. C.) foram utilizados pelo menos 2.300.000 blocos de calcário, o maior deles pesava 15 toneladas. Com os recursos de hoje seriam necessários 7.000 trens, com capacidade de 1.000 toneladas cada um. Estes blocos eram extraídos de cavernas da região, cortados em quadrados antes de colocá-los na obra e empilhá-los a uma altura que alcançava 147 metros.

Como os egípcios foram capazes de realizar estas construções? Quem teve a ideia? Quem planejou? Quem resolveu os problemas que iam aparecendo com a execução da obra? Quem planejou? Quem organizou, quem controlou, quem dirigiu tudo, sem o conhecimento de administração que temos hoje e sem os equipamentos e as tecnologias de que dispomos? O mesmo questionamento pode ser feito para uma série de grandes obras ao redor do mundo, como é exemplo a Grande Muralha da China.

CONSCIÊNCIA DE FRACASSO

Olhando a situação geral do país, passados 518 anos desde a descoberta e nos aproximando de 200 anos desde a independência (exatos 196 anos em sete de setembro deste ano), a constatação é óbvia: não temos sabido avançar na direção do desenvolvimento – em termos de educação, economia, política, saúde, civilização, empregabilidade e nível de instrução do povo.

Altos índices de criminalidade (comparáveis aos de guerra), corrupção endêmica corroendo inclusive as várias instâncias de governo, índice de desemprego acentuado, miséria persistente em nível inaceitável, sistemas jurídico e tributário ineficazes, instituições públicas em constante instabilidade e em estado de inoperância, a partir mesmo dos tribunais superiores.

O passado (inclusive o recente) não nos aponta que a solução esteja logo à frente. Nenhum vislumbre de convergência na direção de uma sociedade mais justa. Ao contrário.

Lendo a história de alguns países, até com menos anos de independência, podemos aquilatar a medida do nosso fracasso como sociedade.

Quem sabe a consciência do fracasso não nos faz mudar as práticas até aqui adotadas, e acabe por nos levar à convergência de esforços para construção de uma sociedade justa, igualitária, desenvolvida?

MORAL DA HISTÓRIA: Corrupção, descontinuidade de projetos, incompetência de gestores, fixação em práticas que não são consensuais no mundo. São múltiplos os fatores que explicam nosso estágio civilizatório.

RESOLUÇÃO DE PROBLEMAS ACADÊMICOS

A UFPA instalou o Curso de Tecnólogo em Processamento de Dados (CTPD) em Santarém em 1994, na época em que a sede na cidade operava como campus; já havia vários outros cursos de graduação em funcionamento, como Licenciatura em Matemática, Pedagogia, Administração. Em 2004 passou a funcionar o Curso de Bacharelado em Sistemas de Informação, com a desativação do Curso de Tecnólogo em Processamento de Dados. Este foi o embrião do que é hoje a Universidade Federal do Oeste do Pará – UFOPA, criada pela lei 12.085 de 05/11/2009. Só em 2013 passou a funcionar o Curso de Bacharelado em Ciência da Computação.

O Departamento de Informática em Belém era responsável pelo corpo docente do CTPD.

Naquela altura, como chefe do Departamento, eu estive em Santarém para resolver problemas de condução do curso, a pedido dos alunos. As principais reclamações estavam relacionadas aos professores temporários contratados pelo próprio campus.

Realizei reunião no auditório do campus com todos os alunos. A partir deste episódio, percebi que não tinha sido uma boa escolha, em vista da perda de tempo e dos tipos de problemas que me foram relatados, em grande parte questões irrelevantes. Para citar um exemplo (e este foi o único ponto associado à razão do convite para a realização da reunião – genericamente era a insatisfação com professores): dois estudantes criticaram um professor (presente à reunião) por chegar atrasado às aulas. Perguntei de quanto tempo era o atraso e a frequência com que tinha ocorrido. Eles responderam que o professor se atrasara duas ou três vezes no semestre por cerca de quinze minutos. Aí eu comentei: vocês me fizeram vir de Belém para dizer que o grande problema do curso era um professor que teve este atraso desprezível. Ora, claro que seria melhor que o professor não se atrasasse nenhuma vez. Para que comparassem com as questões que eu tinha em Belém, disse-lhes que meu problema não era atraso ocasional de um professor para iniciar sua aula, mas a falta. Disse-lhes que havia casos de professores temporários que se ausentavam por dois meses. E pior: eu nem tinha quem os substituísse se resolvesse demiti-los.

Daí em diante, eu passei a evitar reunião cujo objetivo seja o levantamento e a resolução de problemas com mais de meia dúzia de participantes. Passei a adotar reunião com representantes dos estudantes. Eles se reúnem, escolhem titular e suplente, que os representarão na reunião, e, então, no colegiado formado tratamos dos problemas que os afligem.   Bem mais fácil haver convergência de pensamento do que quando a reunião envolve 15, 20 participantes, muitos desejosos de protagonismo, às vezes.

MORAL DA HISTÓRIA: O assembleísmo é um mal em si. É a forma de não resolver, de protelar com discussões infindáveis. Para racionalizar o uso do tempo, é melhor que as questões sejam discutidas e resolvidas em pequenos grupos.

FORÇA DO CAPITALISMO

Acompanho a força natural do capitalismo, impondo-se inevitavelmente. Um exemplo: é inaugurada uma barbearia em uma esquina do bairro. Decoração "vintage", mas devidamente refrigerada, com serviço de bar e café – nos mínimos detalhes de conforto para cativar os saudosistas. O preço do serviço é compatível com todos os detalhes de luxo exigidos neste tipo de negócio. Sem concorrência, o investidor teria o retorno de seus recursos em pouco tempo.

Quatro meses depois, negócio semelhante é implantado, com instalações bem maiores, uma quadra distante. Pronto! Agora, já havia concorrência. Não era mais possível manter os preços iniciais na altura, pois agora não estava mais só na área.

Quando um grupo empresarial que operava na distribuição de medicamentos decidiu atuar no varejo, o que ocorreu com as farmácias de bairro? Foram alijadas do mercado. A estratégia desta cadeia, inspirada em patrimônio turístico londrino como marca, era a expansão pela compra dos concorrentes. Quem rejeitasse a proposta, passaria a tê-la ao lado da sua loja, com oferta de preço baixo (já que tinha a margem de distribuição para manobrar). Poucos conseguiram manter-se no ramo. A rede partiu para expansão rápida também no interior e em outros estados.

Um colega me falou que só resistiu, mantendo sua farmácia na Terra Firme, porque tinha trabalho social na vizinhança, o que lhe garantiu a fidelidade dos clientes na ocasião do acirramento da disputa pelo mercado.

Outros grupos empresariais do mesmo ramo, com atuação semelhante, instalaram-se no mercado paraense. A estratégia era igual: comprar ou alugar imóvel ao lado do concorrente, e asfixiá-lo implacavelmente até a vitória final.

Tempos depois, o que parecia tratar-se de grupo sólido, vejo nos jornais que é vendido por não mais que mil reais, assumindo o comprador o enorme passivo existente na empresa.

Depois que esta grande cadeia quebrou, o que se percebeu no comportamento do principal concorrente, também grande cadeia de farmácias? Sabedora que estava sem quem lhe fizesse frente no mercado, exorbita nos preços para usufruir dessa situação. Comparando-se preços de uma farmácia pertencente a uma cadeia de supermercados e esta, constata-se o preço abusivo. O que vai acontecer? Ela vai perder a clientela aos poucos.

Em resumo: a despeito de ações agressivas de marketing, com publicidade em televisão, rádio, jornal e ações de simulação de campanha eleitoral com agitação de bandeirolas em dias de promoção às proximidades de grandes lojas, a empresa com inspiração londrina foi inapelavelmente à bancarrota. E o antes inabalável grupo empresarial desde então vive a desfazer-se de patrimônio até o desaparecimento completo.

QUANTO A VAGABUNDA PEDIU?

Esta pergunta foi feita pelo contador para saber o valor da propina pedida pela fiscal da Prefeitura, depois de vasculhar por vários dias os registros contábeis até encontrar algo que incriminasse a empresa. O valor informado por ela inviabilizaria o negócio.

Numa tarde, a mulher de um dos sócios vai apanhar o marido na empresa, e encontra a fiscal citada, que ainda fazia sua inspeção – elas tinham sido colegas no tempo de faculdade. Os sócios pensaram logo:

– Que sorte! Ela vai aliviar o valor da propina ou até dispensá-la!

Nada disso! Ela falou para a sua colega de turma que o valor do suborno já estava contabilizado no "arroz" dos fiscais; não havia mais como mudar.

A empresa teve que pagar o valor inicialmente estabelecido: esta era a única forma de ela não receber a multa exorbitante estipulada.

O teor da pergunta do contador no título dá a medida exata de como ele a via.

Para mim, naquela altura neófito no mundo dos negócios, soavam estranhas a ameaça da fiscal e a forma de tratamento do contador.

MORAL DA HISTÓRIA: Não vale a pena viver de ilegalidades. Uma puxa a outra, uma justifica a outra. A mesma coisa acontece com quem vive no mundo da mentira. Uma nova precisa ser inventada para justificar a anterior. E assim vai. O contador usou o adjetivo citado porque estava ambientado com o submundo das irregularidades.

AVALIAÇÃO INJUSTA

Lendo alguns comentários de munícipes de São Paulo a respeito das postagens no Facebook do prefeito João Dória, confirmamos Umberto Eco o tempo todo (segundo ele, as redes sociais dão voz para uma legião de idiotas; sem elas, não teriam chance de mostrar sua estupidez). Dentre os que se manifestam contrários há dois grupos: um, majoritário, formado pelos que criticam por força de suas posições políticas (já que o embate político também ocorre nas redes sociais; são pertencentes aos partidos que fazem oposição ao prefeito – são facilmente identificáveis pela agressividade e virulência descabida dos ataques – não reconhecem nada, mesmo o que tem sido feito de mais louvável e que vai ficar como marca da administração: boa gestão de projetos das áreas de saúde, educação, segurança, modernização e atualização tecnológica); outro grupo é dos que, sem serem agressivos, expressam posições contrárias com argumentos infantis.

A despeito da operosidade do prefeito, os citados imbecis estão sempre insatisfeitos, a pôr defeito em qualquer realização do prefeito, mesmo as irreparáveis.

Com um ano de administração, ele conseguiu concretizar já grande parte do que consta de seu plano para os quatro anos de governo, como é o caso de vagas em creches e os das filas de exames médicos e de cirurgias. Se os idiotas fizessem o exercício de confrontar os resultados de Dória com os do antecessor, que se caracterizava pela preguiça, o que eles constatariam? Que o prefeito merece crédito pelo que fez até agora; se conseguir manter o ritmo de trabalho até o fim, ele vai entregar a cidade bem melhor do que recebeu. O que estou propondo que façam não é próprio de idiota; se o fizessem não poderiam ser rotulados como tal.

Se olhassem ali do lado, outro notório preguiçoso e pouco operoso, o prefeito do Rio de Janeiro, o bispo Crivella, eles passariam a reconhecer o gestor que têm.

Quem nos dera se tivéssemos em Belém um prefeito criativo, trabalhador, com capacidade de buscar recursos onde estiverem disponíveis, que aliasse ousadia no planejamento com capacidade de concretização!

Reconhecemos que Eco foi preciso no seu diagnóstico, mas todos podem manifestar-se, – como não? – inclusive os idiotas, por isso Dória faz o que lhe cabe – ignora-os, e vai em frente.

P. S.: depois da saída de Dória da Prefeitura para concorrer ao Governo do Estado de São Paulo, 700 organizações da sociedade civil fizeram balanço de seu trabalho em um ano de administração: houve avanço em 29 das 53 metas do Programa que ele havia apresentado para o período 2017-2020 (Fonte: www.uol.com.br, 17/4/2018). Este resultado confirma quão profícuo foi o trabalho do prefeito, fruto de dedicação integral que ele dispensou no cargo.

MORAL DA HISTÓRIA: A Política é necessária. Há bônus e ônus na atuação política, como acontece com frequência na vida. É necessário pesar os ônus para saber se compensam realmente os bônus advindos. Quem assume uma posição de destaque – um cargo político, uma função gerencial – deve pesar ônus e bônus. E mais: por mais que faça tudo corretamente e que chegue mesmo a agradar a maioria vai haver quem não aprecie, quem pense diferente, quem faça tudo para criar obstáculos, quem avalie negativamente tudo o que tiver sido feito.

INDICAÇÃO INCOMPREENSÍVEL

Há um fato que não consigo compreender: o que o ex-presidente Lula viu em Dilma Rousseff para, patrocinando politicamente sua candidatura, vir a fazê-la presidente? Aventei uma explicação: o fato de ela carregar um notebook de um lado para o outro, e sempre sacar um gráfico do Excel para reforçar um argumento. Isto impressiona iletrados, pois pensam tratar-se de algo só realizável por alguém muito inteligente. Sabemos que não é o caso.

Quanto erro! Além disso, estava sempre enfezada, cenho carrancudo, nas reuniões de que participava (este é o estereótipo de quem pretende passar por competente diante da incompetência geral), e gritava com outros ministros, fazendo-os calarem-se, ou repreendendo-os, impiedosamente. Houve quem chegasse a chorar nas tais reuniões de cobrança de resultados do governo. Isto impacta alguém despreparado, sem capacidade aguçada de perceber embustes.

Leio agora uma nota do jurista Hélio Bicudo, que teve a proximidade do ex-presidente no início do PT (mas depois se afastou), em que ele defende que Lula sabia que Dilma era incompetente, mas pretendia voltar depois de seu mandato, dado o governo ruim que faria; se Lula indicasse alguém capaz, sua chance de voltar seria pequena. Só que ele não contava que ela iria lutar tanto pelo segundo mandato. Como o País já estava no fundo, ela teve que mentir muito na eleição, mas sabia que suas propostas eram insustentáveis.

Não esqueço uma declaração em jornal em que um prócer petista disse que, apesar de trabalhar pela eleição de Ana Júlia para o governo do Pará, o ex-presidente sabia que ela faria péssimo governo no Pará. Isto se confirmou, tanto que ela não conseguiu reeleger-se. Como ele acertou com uma e errou com a outra?

MALANDRAGEM

Na corrida do trabalho diário, preciso providenciar a solução de problemas domésticos em uma das casas que administro – troca de uma torneira, por exemplo. Chamo um biscateiro que presumia de confiança para resolver a questão. Pergunto-lhe quanto custa mais ou menos uma torneira. Ele me dá o valor. Passo-lhe o dinheiro para a compra.

No dia seguinte, vou inspecionar o trabalho sem a presença dele. Verifico que, em vez de comprar uma nova, ele havia instalado uma usada e tinha ficado com o dinheiro que lhe foi passado para comprar a nova. E depois cobrou caro pelo trabalho todo.

Dias depois, eu o encontro e o advirto:

– Como o senhor pôde instalar uma torneira usada se lhe dei dinheiro para uma nova?

Ele ficou desconcertado com a observação, pois julgava que eu não iria conferir o trabalho feito. Nunca mais requeri seu serviço por ficar provado que não merecia a confiança que eu lhe creditava.

TANTO IMPOSTO PARA QUÊ?

Com a gestão de um projeto por intermédio de uma fundação de amparo à pesquisa, pude constatar a realidade do peso da carga tributária incidente para as empresas: o Departamento de informática dispunha de um empregado contratado (o saudoso Humberto Baleeiro) pelo projeto que recebia um salário mínimo, mas o valor do provisionamento mensal correspondia a dois salários.

Da mesma forma, como sócio de uma pequena empresa, era possível ver todo mês a sangria no faturamento por conta dos impostos das três esferas de governo – três gulosos sócios que todas as empresas têm que carregar nas costas.

Não que eu julgasse que a empresa não deveria recolher tributos. A questão era o montante da carga tributária, e da certeza de que aquele recurso, que tanta falta fazia à empresa, seria mal aplicado pelo governo (em gastos desnecessários) ou mesmo usado em corrupção.

EXEMPLOS DE PERSISTÊNCIA

Quando vejo alguém que desiste depois da primeira ou até da segunda tentativa fracassada de fazer algo significativo, lembro-me do exemplo do jogador Cafu, bicampeão mundial pela seleção brasileira de futebol (1994 e 2002), único jogador com participação em três finais de Copa do Mundo (1994, 1998, 2002).

Só que antes do sucesso foi dura sua vida: era servente de pedreiro; tentou dez vezes passar em "peneiras" para ser contratado como jogador, sem sucesso. Só depois de falhar em dez tentativas, ele conseguiu. Enorme capacidade de resiliência. Quantos não abandonariam seu sonho já na terceira, quarta vez fracassada?

O condicionamento atlético e a velocidade lhe levaram a destaque como lateral direito.

Já como profissional no São Paulo Futebol Clube, o treinador Telê Santana reconhecia seu enorme potencial, mas via necessidade de aprimoramento técnico. Colocava-o para treinar cruzamento para a área, por horas e horas.

Outro exemplo é o do ex-jogador Romário, que, no início da carreira tinha dificuldade para chegar ao campo do Vasco para os treinos por falta de dinheiro para o ônibus.

Ambos não desistiram de seus sonhos diante das muitas dificuldades.

SEGREDO DA MESTRIA[2]

Li em "Maestria" de Robert Greene (Rio de Janeiro: Sextante, 2013): estudos foram realizados sobre a vida de pessoas que sobressaíram como mestres em sua área de atuação, como pintura, política, literatura, educação, esporte, ciência, e muitas outras. Um padrão foi identificado na vida destas pessoas: pelo menos 10.000 horas de dedicação para atingir a mestria. A explicação não foi alguma genialidade inata.

---

[2] Como o assunto é correlato, trouxe para cá nota de meu livro "Outros Casos e Percepções", lançado em julho/2018.

Como triunfar na atividade profissional sem a correspondente dedicação? Há quem ache que dá. Não! Não dá! No máximo serão medíocres (aqui medíocre na acepção de mediano).

LEVA A ATENÇÃO PARA LONGE

A praga da distração é quase extensão da mão. São inseparáveis. O estudante, um pouco atrasado, já chega com a atenção voltada para seu celular. Apenas o corpo, presente. É sempre urgente ler e responder a última mensagem recebida. Tudo o mais que está à sua volta não importa.

A estudante levanta o braço para fazer uma pergunta. Antes de lhe passar a palavra, levo alguns segundos concluindo o pensamento. O que ocorre então? Neste ínterim, ela recebe uma mensagem, provavelmente no WhatsApp. Passo-lhe a palavra, mas a resposta à mensagem recebida tem precedência, visto que o que chega pelo celular é urgente. Ficamos eu e seus colegas à espera de que ela finalizasse sua resposta, pois alguém, distante, precisava de sua reação imediata, inadiável – era quase como questão vital, com implicações que poderiam chegar talvez à morte. Passado algum tempinho, ela deixa o celular sobre a bolsa e faz finalmente sua pergunta. Esperei que ela antes se desculpasse comigo e com os colegas, mas foi em vão.

Eu usei de ironia acima. Se pudéssemos checar, provavelmente era assunto irrelevante, não havia premência, não haveria nenhuma perda se a resposta fosse dada depois da aula.

A questão é de educação. O que não há infelizmente. Civilização é estágio posterior que se consegue quando a educação se encontra impregnada no ser, de sorte que ele só responda educadamente. Isto ainda não acontece. Estágio civilizatório aceitável ainda está distante de onde estamos.

DISCURSO EM CÍRCULO

Em cerimônias de colação tenho observado o seguinte: os oradores que se propõem a fazer discursos de paraninfo de improviso quase sempre se saem mal. Iniciam, abordam alguns pontos, e depois não conseguem dar sequência lógica, e voltam a assuntos referidos, sem saber como sair do círculo em que se enredam. Ficam em loop.

Dentre os oito discursos que a plateia teve que ouvir em uma ocasião (era formatura de oito cursos de um instituto), apenas um mereceu destaque, pela pertinência do que foi dito – nada que fosse dispensável, pela sua concisão, pela dicção da oradora, pela sua postura. E o discurso (primoroso), com início, meio e fim, foi todo lido.

É frequente que o gerente discurse em cerimônias. Às vezes, é chamado a falar de forma inesperada. Uma dica valiosa: objetividade; poucas palavras; um chiste para marcar, se couber na fala; e saber encerrar rapidamente.

QUANDO DIREITO É PRIORIDADE

Uma sociedade está doente (ou está adoecendo) quando o Direito é a área de maior demanda. Se há tanto litígio – que leva a tanto processo, que leva à formação de tanto bacharel em Direito – é sinal de algo insustentável.

No outro extremo: quando não há demanda por engenheiros, por tecnólogos – que projetam coisas, que constroem o que foi projetado, que executam projetos, que criam coisas, que produzem – que dedução se pode tirar daí?

Isto pode ser fruto de distorções eventuais na formação: oferta excessiva de um lado e insuficiente de outro. Pode ser. Tirante possível falha na necessária regulação sistêmica, que rapidamente é corrigida, persiste a conclusão: para ser sustentável, a sociedade deve produzir, muito e de forma variada. Quanto mais, melhor.

Curioso que o colega que me ouve, e prontamente me contesta, é engenheiro, mas tem filho formado em Direito. Como se, por ver o filho, não enxerga a si mesmo, e o que ocorre com a própria profissão – flagrantemente desestimulada e com escassas oportunidades.

A sociedade não é sustentável quando não produz, ou pouco produz, e, quando, como forma de garantir ou conseguir resultado, tenha que recorrer a litígio atrás de reparação, e, para tanto precise manter contrato com escritórios de assessoria jurídica (cada vez maiores e mais especializados).

LEGIÃO DE IMBECIS COM VOZ

Lendo as manifestações nas redes sociais para quem se dispõe a utilizar este canal de comunicação, em especial políticos, somos levados a concordar com Umberto Eco, escritor e filósofo italiano, 1932-2016.

Em discurso na Universidade de Turim no dia 10/6/2015, quando recebeu título de *doutor honoris causa*, ele disse que as redes sociais deram direito à palavra a uma "legião de imbecis" que antes não prejudicavam a coletividade com sua manifestação. Garimpam-se, aqui e ali, uma opinião sensata, uma crítica fundamentada, uma contribuição real. Predominam, no entanto, a cretinice, a crítica sem fundamento, os argumentos toscos, o mau gosto.

Que fazer? Retrucar? Perda de tempo! Extrair a crítica meritória, a sugestão enriquecedora. Ignorar o restante.

AS MIGALHAS DAS MINERADORAS E DOS PROJETOS HIDRE-LÉTRICOS

"Quantas toneladas
exportamos de ferro?
Quantas lágrimas
disfarçamos sem berro?"
(Carlos Drummond de Andrade, citado por Fernando
Gabeira, no artigo "O interminável mar de lama", publi-
cado no Estadão em 14/8/2017)

Compulsando custos e benefícios dos projetos de mineração instalados no Pará ao longo do tempo (é válido também para outros estados), o saldo é desfavorável para o estado. Levam-nos a montanha de minérios e nos deixam enormes crateras a que custo? Devastação, problemas ambientais, menos riqueza, migalhas para o povo. É só ver o encarte da Vale que acompanha os jornais dominicais. A título de prestação de contas com projetos de responsabilidade social, o que há realmente como paga pela exploração? Miçangas, espelhinhos, migalhas.

Se a concessão é de 50 anos para explorar, certamente devolverão a área em 25 ou menos sem nada, dada a pressa com que providenciam o transporte dos minérios, com investimento em correias transportadoras mais ligeiras e com maior capacidade, trens com 330 vagões e 3,5 Km de extensão para levar para o porto de Itaqui (Maranhão) 40 mil toneladas de ferro por viagem e, de lá, com navios de maior calado, entregar mais rapidamente na China e em outros centros.

Investir em agregação para não exportar minério bruto? Nada! Nenhuma exigência das instâncias de governo para esta contrapartida para o estado, que empregaria mais, possibilitaria mais impostos, qualificaria a produção do estado, deixando a mera condição de exportador de minério bruto.

Não houve tempo em que exportávamos toras de madeira? As peças eram serradas no exterior. E depois não comprávamos os móveis feitos com a nossa madeira, mas com design italiano e custo nas nuvens, comparado com o preço da tora?

*** *** ***

O que falo acima vale para as hidrelétricas construídas no estado e na Região: a começar pela Hidrelétrica de Curuá-Una (Santarém), inaugurada em 1977, com capacidade geradora de 30,3 MW; a Hidrelétrica de Tucuruí, inaugurada em 1984 e com capacidade geradora de 8.370 MW; a Hidrelétrica de Belo Monte (Altamira), inaugurada em 5/5/2016 a primeira etapa da obra, com previsão de 12.233 MW, mas a capacidade média anual será de 4.500 MW pelas limitações do reservatório. Há ainda o Complexo do Tapajós, com a previsão de construção de cinco usinas no Rio Tapajós, com a potência instalada total de 10.682 MW: São Luiz do Tapajós, Cachoeira dos Patos, Jatobá, Jamanxim e Cachoeira do Caí.

O que nos ficam destes projetos, além das grandes intervenções no meio ambiente, com inundação e desmatamento de extensas áreas?

POR QUE SAIU DO TRABALHO

Tinha ciência de que o colega era infeliz no trabalho, pois já há tempo ele exprimia esta infelicidade, mas sem se decidir pela saída. Enfim, ele tomou coragem e pediu as contas. Ela explicou:

– Ele saiu para ir ser feliz. Aqui não era.

Sábia decisão! Vale ficar onde não se é feliz?

AVERSÃO A CONHECIMENTO PELA SUA PROCEDÊNCIA?

Não deveria ser assim, mas é. Atuo na área de tecnologia há bastante tempo, com interesse em automação de negócios. Como professor, ressentia-me de não ter qualificação pedagógica. Mas depois coloquei também um pé na educação. Em decorrência disso, tenho mantido interação frequente com professores com formação pedagógica. Percebo certa aversão desses professores ao conhecimento que provenha da área empresarial, por exemplo. Em especial, quando se tentam trazer experiências bem-sucedidas de ações dessa área para a educação. Isto me parece inconcebível. Não é razoável e aceitável dispensar conhecimento a priori sem análise, venha de onde vier. Como se a área de educação fosse autossuficiente e se bastasse por si própria para avançar, e pudesse prescindir do que outras áreas podem oferecer-lhe de contributo.

O QUE LEIO DIARIAMENTE

As nossas leituras informam, de certa maneira, nossas concepções políticas, econômicas, de vida.

Tenho assinaturas para sábados e domingos de "O Liberal" e do "Diário do Pará". Sou assinante digital da "Folha de S. Paulo", de "O Estado de S. Paulo". Da "Veja", tenho acesso à revista impressa e à versão digital (a partir das sete da manhã do sábado).

No Pará, a leitura dos dois jornais – duas correntes antagônicas – é necessária, pois o que sai em um, às vezes, não sai no outro. O que um fala do outro, não raro, é verdade. E a verdade que não interessa a um sai no outro, ou pode sair. Como a verdade é dividida, é uma imposição ler os dois.

Leio a "Folha" porque é plural: tudo é encontrável nas suas páginas, indo da extrema direita à extrema esquerda. O que não ocorre com "O Estado de S. Paulo": eu me afino mais com sua linha editorial. Em geral, aprecio seus editoriais. A leitura da "Folha" é para ter o contraponto. Passo longe de articulistas como Clóvis Rossi, Jânio de Freitas. Leio Elio Gaspari, apesar de achar exageradas e repetitivas suas metáforas. Leio toda quarta o artigo sobre economia de Alexandre Schwartsman. Ele ridiculariza, com argumentos sólidos, mas ácidos, tanto decisões do governo na área econômica como artigos publicados na imprensa, quando os julga incorretos. De duas em duas semanas leio o artigo (sempre para cima) do Nizan Guanaes, leio as colunas de José Simão pelo humor escrachado. Leio a crônica magistral do Ruy Castro. Textos curtos – em que nada é dispensável. Outro dia ele disse em entrevista que se envergonhava do que escrevia na "Folha". Esta vergonha , creio, seja pela facilidade com que ele se desincumbe da tarefa. Não deveria envergonhar-se: sua competência é que deixa tudo fácil.

Aprecio as colunas de economia de Pedro Malan, de Gustavo Franco, e de Mônica De Bolle no Estadão. No mesmo jornal, em política, leio as colunas de Vera Magalhães e Eliane Cantanhêde e os textos de Fernando Gabeira.

Recebo os dois boletins informativos diários do *site* "O Antagonista", e sou assinante da revista digital Crusoé. Leio com alguma regularidade o blog do Reinaldo Azevedo (antes hospedado no *site* de "Veja"; atualmente no *site* da Rede TV no UOL), apesar de não concordar com muitas das suas posições. Aprecio as notas do jornalistas Augusto Nunes, J. R. Guzzo e Ricardo Noblat no *site* de "Veja".

É o que leio diariamente. São as janelas por onde vejo o mundo, já que não uso a televisão com este fim.

MORAL DA HISTÓRIA: A razão desta nota é destacar a importância da leitura variada, como forma de o gerente manter-se atualizado a respeito de sua área de atuação, como também em relação à conjuntura econômica e política do país.

TECH NECK

Observador, eu tinha notado rugas no pescoço de pessoas sem idade para este tipo de problema. Vincos aparentemente inexplicáveis. Há explicação, porém.

Encontro artigo na *Veja* (ed. 2543, 16/8/2017), pedindo para o leitor: "erga a cabeça!". O tal "tech neck" (*neck* – pescoço em inglês; *tech* – abreviação de tecnologia) é o mal ocasionado pela postura incorreta ao usar *smartphones*, *tablets* e *laptops*. Para todo lado vemos jovens encurvados, atentos aos seus celulares. Quem utiliza *smartphone* com a cabeça ereta? Ninguém! A pele fina do pescoço é vulnerável a rugas, em decorrência da inclinação demorada da cabeça. O malefício do mau uso destes equipamentos não fica nas rugas precoces: antecipa também problemas com a coluna, e ocasiona dores nas costas.

PARA QUE HÁ UM TETO SALARIAL PARA O FUNCIONALISMO?

Necessária a decisão tomada pela presidente do Supremo Tribunal Federal (STF), ministra Cármen Lúcia. De há muito reclamada. Ampla divulgação dos salários dos juízes brasileiros. Se há um teto de remuneração para o funcionalismo (R$ 33.700), como os juízes acham justificável uma remuneração duas, três, dez, vinte ou mais vezes, superior ao citado teto? Ora, transformaram a lei em lorota. Letra morta. Sem serventia.

Ah, mas tem amparo legal, disse o juiz do Mato Grosso que recebeu mais de meio milhão de reais e que tinha mais setecentos mil previstos para o próximo mês! Investiguem-se para saber quais foram as brechas legais por onde escoou esta dinheirama. Revogue-se o entulho legal de que se têm valido alguns espertos juízes.

Que a sábia e diligente presidente do STF aproveite e feche outros vazamentos (alguém duvida que haja?) por onde escorre o dinheiro dos brasileiros pagadores de impostos!

QUEM REPARTE NÃO ESCOLHE

O professor Pierluigi Piazzi conta em um de seus vídeos que, para evitar briga entre os filhos no momento da partilha da goiabada servida como sobremesa do almoço – sempre ocorria de um querer levar vantagem sobre o outro, ficando com o maior pedaço – seu pai determinou o seguinte: "quem reparte não escolhe". Com esta sábia regra, resolveu-se o problema da partilha: quem cortava a goiabada procurava cortar átomos no meio para garantir que as partes fossem exatamente iguais e, assim, ele não ser prejudicado na divisão.

MUDANÇA DIÁRIA

Relendo páginas de livros que escrevi faz algum tempo, às vezes, deparo com algo de que gosto. Manteria como está. Entretanto, há muitas ocasiões em que não gosto do que escrevi. Chego a me perguntar: como escrevi isto? Por que empreguei esta palavra? Ou a palavra não era adequada. Ou, com o meu olhar de hoje, soa agressiva.

Por isso, como sou diferente de ontem – e a filosofia chancela isto – o fechamento de um livro é um período conturbado: enquanto não entrego ao editor, vou alterando aqui e ali, sempre insatisfeito, em um labor interminável. Que concluo disto tudo? Noto que caminho para o refinamento, para ser menos agressivo, menos contundente, para deixar mais implícito que explícito, para ser até mais irônico, mas com brandura.

MAQUIAVEL E A MUDANÇA

A frase abaixo de Nicolau Maquiavel, historiador e escritor italiano (1469-1527), aplica-se ao trabalho do profissional de tecnologia, tanto com relação à repercussão da mudança proposta quanto com respeito às barreiras a serem enfrentadas até que a mudança efetuada se estabilize.

Em todas as ocasiões em que o propósito seja implantar nova tecnologia, espera-se, confrontando custos e benefícios, que ela mude para melhor um negócio ou uma área da organização (se isto não acontecer, deve ser desativada).

Mas será necessário enfrentar o status quo e tudo o mais que está apegado a ele. Note que Maquiavel prevê os obstáculos que se tem à frente; ele não esquece os que serão beneficiados com a mudança. Não se deve contar com eles. Nada ou pouco farão pelo novo, apesar da presunção de serem beneficiados. Implícito na frase de Maquiavel para o agente da mudança: vire-se sozinho!

– "Nada é mais difícil de realizar, nada é mais incerto para se ter sucesso do que quando se toma a iniciativa para implantar uma mudança, pois, o inovador terá como inimigos todos os que se davam bem debaixo das velhas condições, e defensores sem entusiasmo naqueles que podem dar-se bem debaixo das novas".

A obra de Maquiavel induziu a criação do adjetivo "maquiavélico", com o significado de ardiloso, velhaco, astucioso, pérfido, desleal. Seu livro mais conhecido é "O Príncipe": a primeira edição foi publicada postumamente em 1532; trata-se de um guia de como chegar ao poder e manter-se nele. Pelas ideias expressas na obra, deduziu-se a frase que passou a ser creditada a Maquiavel, e traduzem a negação da moral: "os fins justificam os meios".

Duas outras frases de Maquiavel:

– "Aos amigos, os favores; aos inimigos, a lei";

– "Quando fizer o bem, faça-o aos poucos; quando for praticar o mal, faça-o de uma vez só".

MOTIVOS PARA FRACASSO DE IMPLANTAÇÃO DE TECNOLOGIA

Para resposta a uma questão de um exercício de fixação, eu precisava listar cinco motivos por que a implantação de uma tecnologia pode fracassar, sem considerar a razão de fundo apontada por Maquiavel na nota anterior (o fato de que toda mudança tem oposição compreensível de quem vai ser prejudicado por ela e defensor tépido em quem vai beneficiar-se dela). Acabei fazendo um rol com dez possíveis motivos (a lista não esgota as possibilidades; as razões são listadas sem sequência lógica).

Motivo 1: estudos de custos e benefícios da utilização não terem sido feitos adequadamente antes da aquisição da tecnologia.

Motivo 2: estudos de custos e benefícios não avaliaram adequadamente as exigências da tecnologia adquirida em face da cultura e das condições particulares da empresa.

Motivo 3: dada a aquisição da tecnologia, se ela não for disseminada adequadamente, depois de amplo programa de treinamento dos seus usuários para obtenção dos resultados esperados.

Motivo 4: dada a aquisição da tecnologia, o estudo prévio não levou em conta nível de conhecimento ou de instrução do pessoal da empresa previsto para utilizá-la; pode haver descompasso entre o que a tecnologia exige e o que a empresa dispõe para utilizá-la.

Motivo 5: a tecnologia adquirida pode ser inovadora, mas não foi ainda testada suficientemente, e comprova-se na prática que não é adequada para a empresa.

Motivo 6: houve investimento apressado na aquisição da tecnologia, sem que tivesse sido precedido de projeto-piloto para avaliá-la consistentemente na prática, antes da implantação em todas as unidades da organização.

Motivo 7: o estudo de custos e benefícios não avaliou adequadamente o fornecedor (e sua capacidade técnica e de suporte) e as condições de manutenção necessárias ao funcionamento da tecnologia no âmbito da organização.

Motivo 8: a aquisição da tecnologia não foi antecedida de contato com usuários que tenham adquirido antes a tecnologia para ter ciência da sua utilização e de possíveis problemas de instalação, de funcionamento, de manutenção e de suporte, de modo a valer-se da experiência desses usuários quanto a estes pontos antes dos investimentos serem feitos.

Motivo 9: o estudo de custos e benefícios não avaliou adequadamente a carga de transações admitida pela tecnologia para seu funcionamento apropriado ou os tempos de resposta oferecidos por ela na prática não são aceitáveis para a organização.

Motivo 10: o estudo de custos e benefícios não avaliou adequadamente a necessidade de ajustes na tecnologia para sua implantação na organização, ou a exigência de que a empresa antes se adaptasse às condições impostas pela tecnologia para uso adequado.

AS FASES DE UM PROJETO

Destas coisas que encontramos na rede sem autor certo, mas, pela comicidade, adotamos pelo que trazem também de verdade. São as fases por que passa um projeto: 1) Entusiasmo; 2) Desilusão; 3) Confusão; 4) Pânico; 5) Caçada aos culpados; 6) Punição dos inocentes; 7) Promoção dos não participantes. Abaixo, a minha interpretação.

Na partida do projeto, fazer algo talvez nunca antes concretizado, que a equipe ainda não sabe bem o que é, entusiasma a todos pela busca do novo, pelos elogios iniciais que a equipe recebe pelo desafio. O que há é expectativa, apenas. Quando tomam ciência do que é, pelo vislumbre da dificuldade que precisa ser enfrentada, dada a carência de recursos, a inexperiência e a insuficiência numérica do pessoal que compõe a equipe, desiludem-se (salvo os que continuam desinformados). Depois de algum tempo, conflitos na equipe tornam-se frequentes por conta de dúvidas com o processo, pela própria divisão do trabalho, pela insuficiência dos recursos disponíveis e pelo lento avanço real do projeto. Ao se darem conta de que o fracasso está a caminho e aproxima-se celeremente, o pânico se instala. Dentro em pouco, com a confirmação do fracasso (agora, já dado como certo no projeto), empreende-se uma caçada aos culpados. Claro, punem-se os inocentes – estes são escalados para assumir a culta pelo insucesso.

Se, ao contrário disto tudo, houve um raro caso de êxito, os com menor (ou nenhuma) participação no resultado são aquinhoados com promoção ou com gratificação (glória aos não participantes do projeto). Os que foram decisivos para o sucesso são lembrados. Para o próximo projeto.

DEMING DEFINE GERÊNCIA

Uma forma de definir a gerência com "nãos":

"Não se gerencia o que não se mede, não se mede o que não se define, não se define o que não se entende, não há sucesso no que não se gerencia" (William Edwards Deming, estatístico americano, professor, 1900-1993).

FALTA GERÊNCIA

"Situação financeira da Unicamp é dramática" dizem os jornais. Outro dia a informação era sobre a situação crítica da USP. O mesmo se aplica às universidades federais com os cortes de recursos financeiros feitos pelo MEC. Que mais falta além de recursos financeiros nessas instituições? Podem-se apontar vários fatores. O mais óbvio é gerência, no seu mais amplo sentido. Que se nota? Acomodação. Visão estreita. Incompetência. Medo de tomar decisões que contrariem interesses instalados. Outras habilidades que precisam de melhores respostas dos gestores: criatividade, racionalização, redução ou eliminação de desperdícios, iniciativa, comprometimento, aumento de produtividade, estabelecimento de prioridades corretas.

E AS PRIORIDADES ORGANIZACIONAIS DA ÁREA DE TECNOLOGIA?

É conveniente que as prioridades de desenvolvimento de aplicações (software), investimento em aquisição ou desenvolvimento de tecnologia não sejam decididas unilateralmente pela gerência de tecnologia. Em vez disso, é desejável que sejam estabelecidas por comissão formalizada pela alta administração da organização para este fim.

Sob a coordenação do gerente da área de tecnologia, os membros da comissão (em algumas organizações recebe o nome de "comissão de usuários de TI") são representantes das unidades departamentais da empresa.

As discussões iniciais de tal comissão podem ter como base até documento proposto pela área de tecnologia como minuta de plano para apreciação. Tal minuta é discutida, ajustada, enriquecida com a contribuição dos participantes da comissão. Quando finalizadas as discussões, o documento é aprovado e submetido à alta administração, passando a ser o plano para execução quando referendado.

Desta forma, com o plano aprovado, a gerência de tecnologia terá como nortear suas ações do cotidiano para concretizá-lo, até que, em período determinado, ele seja revisto e atualizado.

A gerência se eximirá, assim, de atender pedidos extemporâ-neos das unidades, a menos que os casos sejam de urgência, e determinados expressamente pela alta administração.

LIDANDO COM CARÊNCIA E/OU INSUFICIÊNCIA DE RECUR-SOS

Uma questão frequente que o gestor enfrenta é a insuficiência de recursos para dar conta de tudo o que a organização precisa. Que fazer para lidar com esta questão? Uma avaliação que pode ser feita de início é quanto aos custos da organização, tentando dimi-nuí-los, de modo a poder dispor de mais recursos para investimen-to. Ações como eliminação de desperdícios, renegociação de con-tratos existentes, renegociação com fornecedores. Provavelmente, isto não será suficiente para garantir o início de todos os projetos de interesse da empresa.

Consideradas todas as ações referentes à correta aplicação dos recursos disponíveis, segundo as prioridades estabelecidas pela organização com base em plano elaborado e aprovado pela comissão de representantes das unidades, a gerência de tecnologia deve atuar para conseguir recursos adicionais, seja recorrendo a fontes não exploradas (por exemplo, com a submissão de projetos específicos para essas fontes de financiamento), seja com a criação de tecnologia ou a oferta de serviço (consultoria, treinamento, etc.) ao alcance da área de tecnologia que possibilitem entrada de recur-sos complementares ao orçamento da unidade. A criatividade do gestor é exigida em máxima medida na busca de alternativas, para garantir recursos adicionais ao orçamento. Pois, só não cabe ficar acomodado a ele.

Desta forma, a eliminação ou a atenuação da carência de re-cursos poderia ser atendida com base em iniciativas como as men-cionadas, ou outras que venham a ser identificadas.

BALIZAMENTO ÉTICO

Às vezes, ficamos em dúvida se tal ou qual comportamento é ou não ético, se tal ou qual posição que precisamos tomar é ou não ética.

Masiero (2000), professor titular do ICMC-USP (São Carlos), apresenta quatro testes para saber se dado comportamento deve ser adotado ou não.

O teste da família: você contaria para sua família que fez tal coisa?

O teste da empatia: como lhe pareceria se você se colocasse na posição da pessoa atingida pela ação?

O teste do sentimento: como você se sente agindo desta forma? Intranquilo? Causa-lhe incômodo?

O teste do repórter investigativo: que lhe parece se sua ação fosse veiculada em noticiário na televisão?

Se a intuição nos diz que alguma ação não é ética, ou não é moralmente correta, é melhor fazer antes os testes para seguir com a consciência tranquila.

FRUSTRANDO UMA TENTATIVA DE RASTEIRA

A posição inicial era que a defesa do trabalho fosse adiada por dois ou três meses. A iniciativa de deixar em suspenso data inicialmente marcada foi do membro da banca examinadora. Sua avaliação para o orientador era que não seria possível defesa sem que ajustes consideráveis fossem feitos no trabalho. Dois ou três meses seriam suficientes para que o aluno o deixasse na forma que o examinador julgava ideal.

O autor do trabalho pede que o orientador marque reunião com o membro da banca; ele gostaria de tomar ciência dos argumentos do examinador para adiamento da defesa. Reunião é marcada para tomar um café e discutir a questão com o membro da banca. Precisamente uma quarta-feira da semana que antecedia a da defesa, que seria na sexta.

Depois da degustação dos primeiros goles da "negra rubiácea", como diria um personagem de Dias Gomes (romancista, autor de telenovelas, 1925-1983), o professor desfiou seus argumentos contra a defesa na forma atual do trabalho. O estudante manteve-se atento ao que ele dizia. Em princípio, movia-lhe o propósito de refutar os argumentos apresentados, a menos que fossem mesmo indefensáveis.

Não! Mas não eram! Ele ponderou com o professor que a retirada de uma palavra do título do trabalho seria suficiente para anular sua principal objeção.

O professor ficou em silêncio por alguns segundos, refletindo. Depois, contrafeito, aquiesceu com a cabeça.

A respeito do que mais havia falado, o estudante pediu dois dias para devolver-lhe o texto com os reparos atendidos.

Em resposta, o professor disse:

– Você não conseguirá fazer isto em dois dias. É necessário rever todos os dados do seu trabalho para reanálise. Vai ser necessário remarcar a defesa, pois não será possível ajustar no tempo disponível.

O estudante não contestou a afirmação. Só pediu que o professor lhe desse os dois dias. Ele lhe enviaria o novo texto no sábado de manhã, assinalando em vermelho tudo o que acrescentasse, para que o professor pudesse avaliar mais facilmente o que fosse modificado e incorporado. Seria então tomada a decisão em reunião na terça se haveria o adiamento da defesa por dois ou três meses como sugerido. O professor concordou com a sugestão.

O estudante foi para casa, e trabalhou da quarta até sexta de manhã, com pequenos intervalos para dormir. Programou-se para descansar até a noite da sexta, e revisar até o envio no sábado pela manhã. Foi o que fez.

Enviou por e-mail por volta das 11 horas como acertado com o professor. A partir daí ficou aguardando o retorno do examinador.

No domingo pela manhã, o estudante recebe do professor uma mensagem truncada no celular. Não dava para deduzir sentido em razão do truncamento. Porém, ele decidiu não telefonar para o professor nem enviar-lhe mensagem.

Na segunda, pela manhã, ele recebeu e-mail com a resposta tão esperada: o examinador informou que tivera problema com o celular e com a internet; por isso, não enviara e-mail como tinha sido acertado. Comunicou ao estudante que tinha cancelado a reunião da terça; sua decisão final era que a defesa fosse mantida como programado para a sexta dessa semana.

Como sói acontecer nos enredos de dificuldades que tecem a vida, descobriu-se depois que o examinador que tentara o adiamento da defesa, dada sua condição de aposentado, não mais poderia participar como membro interno do programa de pós-graduação. Outro professor teve que ser indicado para substituí-lo como tal. Para que ele fosse mantido na banca, teve que ficar como membro externo adicional. Assim, a comissão examinadora ficou com um membro a mais.

Por que este texto está aqui? Na função gerencial, com frequência ocorre rejeição de projetos que você proponha. Vá às últimas instâncias para defender suas propostas. A menos que você não confie nelas.

"EFEITO DEADLINE"

Comprova-se facilmente o seguinte: quando se avizinha a data de entrega de um resultado pelo membro de equipe, ocorre aumento do tempo de sua dedicação à tarefa em questão.

É o "efeito deadline" ("efeito data-limite") em ação. Há natural relaxamento enquanto a data de entrega estiver distante. Quando ela se aproxima, passa a haver maior dedicação à sua execução. Esta é a razão por que gerentes determinam prazos mais curtos para tarefas a cargo de seus liderados. Porém, não podemos desconsiderar os efeitos psicológicos associados à questão: alocar prazo mais curto para dada tarefa do que o que seja aceitável (do que seja possível concretizar) acarreta efeito perverso: coloca o subordinado em pressão. É intolerável quando isto é frequente. Ninguém aguenta viver continuamente pressionado. Pode ser que ele não seja resiliente a esta situação.

Alocar prazos curtos é a atitude dos gerentes que optam pela microgerência (diz-se de controlar o que é produzido pelo subordinado em um ou dois dias de trabalho). Haverá aumento de produtividade, inevitavelmente. O preço pago por isso: membros estressados, pressionados. Ninguém suporta muito tempo este ambiente.

Particularmente, prefiro negociar os prazos de entrega de resultados com os subordinados. Procuro manter dados históricos de projetos passados como referência; peço que o subordinado informe o prazo em que consegue dar conta da tarefa. Com esta informação obtida, confronto com a minha informação pessoal ou com os dados históricos disponíveis e comprováveis. Se ele superestimar o tempo, tenho como contraditá-lo. Se ele subestimar o tempo, quando confrontado com os dados disponíveis, talvez não esteja se dando conta da complexidade envolvida; aí eu o alertaria para os riscos envolvidos na tarefa e atribuiria prazo maior que o sugerido por ele.

Portanto, parece-me mais apropriado que a alocação de tempo seja resultante de negociação entre gerente e executor do que de simples atribuição do gestor.

SÓ TRABALHO

Há pessoas do seu relacionamento de amizade a quem você recorre em alguma situação de dificuldade na esperança de contar com seu apoio, e nada! Não se manifestam negativamente, explicitamente, mas, no fim, você nada consegue. Quando há trabalho envolvido, e é do interesse dela – só trabalho, sem remuneração –, a pessoa lhe contata, e você aquiesce.

Aí você percebe as situações se repetirem, e tira o padrão comportamental: é pessoa do tipo que "só cisca para dentro". O que significa esta expressão?

Guardei de entrevista de Ulysses Guimarães (1916-1992), deputado federal pelo estado de São Paulo, presidente do MDB, presidente da Câmara Federal por duas vezes, presidente da Assembleia Nacional Constituinte, que promulgou a Constituição de 1988. Ele dizia que "em política só se cisca para dentro" querendo dizer que todas as ações das instâncias de um partido são para fortalecê-lo, jamais para desagregá-lo.

Este colega a que me refiro nesta nota só favorece seu grupo interno, a despeito de recorrer, aqui e ali, a quem esteja fora: mas estes, que fiquem cientes, nada terão de retorno – é só trabalho, e gracioso.

A PRAGA DA DISTRAÇÃO

Em uma nota passada, me referi ao telefone celular como "a praga da distração".

Como diz o professor Sílvio Meira (UFPE), tecnologia não tem caráter; se é boa ou má, isto depende do uso que se faz dela.

Ninguém pode negar o valor dos smartphones. Mas que está predominando o mau uso, isto está. E olhe que não é o que tem levado à "tech neck" – o engelhamento precoce do pescoço com reflexos para a coluna pela quantidade de horas com a cabeça encurvada. É o desperdício de tempo, mesmo.

Ainda está por ser quantificada a perda de tantas horas pelo uso excessivo do celular: a distração que acomete usuários menos atentos, e que não o largam de jeito nenhum.

Convivo com um destes usuários: já notei que afeta sua percepção nas conversas; seu registro dos assuntos tratados é truncado, o que lhe leva a tomar decisões erradas por ter ficado com informação parcial.

Decisão que acaba por cobrar tempo adicional até ser desfeita ou corrigida. Qual foi a origem do desperdício de tempo? A praga da distração a que me referi.

LIBERALISMO E APRENDIZADO COM EXPERIÊNCIAS ALHEIAS

Leiam abaixo a frase de Roberto Campos, economista, diplomata e político brasileiro (1917-2001):

– *Sou chamado a responder rotineiramente a duas perguntas. A primeira é 'haverá saída para o Brasil?'. A segunda é 'o que fazer?'. Respondo àquela dizendo que há três saídas: o aeroporto do Galeão, o de Cumbica e o liberalismo. A resposta à segunda pergunta é aprendermos de recentes experiências alheias.*

A saída para o brasileiro é ir para o exterior ou aplicar o liberalismo. Quanto à que fazer? Observe que ele nem menciona experiências próprias – ora, há muitas experiências úteis, muitos erros e acertos da experiência de países que saíram de situação semelhante à do Brasil, os quais nos têm muito a ensinar.

A LEI DE PARKINSON

Cyril Northcote Parkinson, autor de "A Lei de Parkinson" (Rio de Janeiro: Nova Fronteira, 2008), começa o primeiro capítulo com a definição do que viria a ser chamada de "a lei de Parkinson": *"O trabalho aumenta de modo a preencher o tempo disponível para sua conclusão. A prova disso está na expressão proverbial de que ´os mais atarefados é que têm tempo disponível.´"*.

Sempre que superestimamos o tempo necessário para execução de uma tarefa em uma empresa, vemos a Lei de Parkinson em ação. Quem recebe a incumbência, percebendo que não precisa de todo o tempo que lhe foi dado para realizá-la, relaxa e vai bem devagarinho para sua execução. Se ele tem uma semana para completá-la, mas precisa só de três dias, que faz? Ora, vamos com calma! "Hoje, eu nada faço. Vou pensar amanhã no assunto. Ainda tenho tempo". E, assim, o tempo passa. A tarefa vai ser concluída somente depois de uma semana, já que este foi o tempo alocado para ela. A Lei de Parkinson se confirma mais uma vez.

É preciso dizer que há exceções, no entanto. Se o colaborador está motivado para o trabalho e, por alguma razão, deseja destacar-se, a Lei de Parkinson não funciona para ele. O empregado vai concluir a tarefa em três dias, trabalhando em cada dia com a mesma intensidade.

ÉTICA – RESPEITO À CONVIVÊNCIA

Ao longo da história pode-se perceber isto: a Ética é busca pelo respeito à convivência. Busca-se, incessantemente, aperfeiçoar a convivência.

O cigarro atraiu uns como forma de prazer; incomodava outros, mas havia tolerância. Eles conviviam no mesmo espaço fechado. Com o avanço do conhecimento, houve a conclusão de que havia o fumante passivo, com saúde tão prejudicada quanto a do ativo.

Num primeiro estágio para aperfeiçoar a convivência, reservaram-se espaços onde o fumante poderia praticar seu vício. Agora nem isto. O fumante é discriminado de toda forma.

EXPORTADOR DE *COMMODITIES*

Chama-se *commodity* o produto primário que tem preço estabelecido internacionalmente. Há volatilidade no preço destes produtos: os períodos de alta e de baixa são imprevisíveis. Dependem das condições de clima, no caso de produtos agrícolas (quebra de safra por causa de geada, de chuva). No caso de minério, se houver descoberta de novas jazidas com novo competidor no mercado, os preços tendem a baixar com a maior oferta. Exemplos de *commodities*: café, soja, açúcar, trigo, ferro, petróleo, etc.

O Brasil é grande exportador de ferro. O preço da tonelada (em junho/2017) foi de US$ 57,86; com dólar na casa de R$ 3, dá R$ 173,58.

A comparação a seguir apareceu em edição do ano passado da revista Veja. Sabendo que o preço de um *smartphone* simples fica em torno de R$ 1.500, concluímos que é preciso exportar cerca de 8 toneladas de ferro [1500/173,58 = 8,64] para pagar um só celular importado. Grosseiramente, este cálculo demonstra o quanto é perverso ser grande exportador de *commodities*, como o Brasil, em detrimento da exportação de produtos manufaturados ou tecnológicos (produtos que agregam valor à matéria-prima).

A Vale nos leva milhões de toneladas de ferro, cada vez mais rapidamente, e o que fica em troca é um valor miserável.

EM TEMPOS DE LAVA JATO

A fórmula de corrupção proposta por Robert Klitgaard, da Universidade Harvard, apresenta os elementos envolvidos:

Corrupção = Monopólio + Arbitrariedade – Transparência.

Segundo ele, "quanto mais distantes do mercado as relações entre o público e o privado, quanto mais discricionárias as decisões, e quanto menor a transparência, maior será a corrupção".

FALTA DE VISÃO

Ao participar de comissão externa encarregada de fazer auditoria em empresa de economia mista antes da sua privatização, percebi inúmeros males da administração pública. O principal dos quais o descompromisso do pessoal com os custos. Equipamentos alugados permaneciam sem uso, gerando custos inadmissíveis para a empresa. Para toda direção que se olhasse, uma incúria.

Sabedor de que tínhamos proposto que a empresa adotasse redes de microcomputadores em substituição aos computadores *mainframe*, um assessor da área de computação disse que não podia admitir a adoção do proposto, pois microcomputador era só para passatempo, era coisa de brincadeira. E ele falou isto seriamente, era o que pensava mesmo.

PLANOS, MEROS PLANOS; NUNCA SERÃO REALIDADE

No Brasil, principalmente nos meios de comunicação, é frequente que as instâncias de governo (federal, estadual, municipal) recorram à divulgação de planos (meros planos!) como se coisas concretas já fossem. Chegam a lançar mão de maquete virtual (portanto, inexistente no mundo real) para enganar a população desatenta, como se um mero projeto feito de papel e recurso virtual fosse algo palpável.

Os meios de comunicação nem deveriam divulgar plano com destaque; deveria este registro ser feito quando o objetivo do plano fosse materializado. Sabemos todos que o papel aceita qualquer coisa que se queira escrever nele. A frequência com que planos divulgados com destaque não saíram do mundo virtual para o das coisas reais já nos deveria ter alertado para este embuste.

Para ficar em um exemplo: a presidente Dilma na campanha eleitoral do seu primeiro mandato afirmou que construiria dado número de creches; no fim do primeiro mandato, o número de creches construídas e inauguradas foi significativamente menor; na verdade ela precisaria de 400 anos para dar conta do que tinha prometido se mantivesse o desempenho alcançado no primeiro mandato. Conclusão: o plano era utópico: ele não levava em conta os recursos disponíveis e nem os problemas reais para mobilizar outros agentes envolvidos (prefeituras, câmaras municipais, governos estaduais, etc.) para conseguir ser realizado.

CAPITAL HUMANO

O capital humano é o nível de qualificação de um povo. A qualidade do seu capital humano explica o atraso do Brasil. Como superar? Investimento pesado em educação. Investir não só recursos financeiros, nem só incentivar a "pedagogia do concreto" (a construção de escolas), mas buscar a melhoria da qualidade da educação. De que forma? Incentivar a qualificação de professores, adotar boas práticas gerenciais, atrair melhores profissionais por meio de melhoria da remuneração para a área educacional, acabar com a estabilidade no emprego (para acabar com a acomodação), aplicar meritocracia para renovação dos contratos de trabalho e para atribuição de gratificações.

Os países que atingiram nível de excelência em educação fazem isto. Faz sentido manter práticas que, comprovadamente, não funcionam?

PRINCÍPIO DE PARETO

Este princípio é expresso pela relação 80/20. É atribuído a Vilfredo Pareto, economista francês (1848-1923). Pareto observou que 80% dos bens, à época em que fez seu estudo sobre a economia italiana, pertenciam a 20% da população do país. Se olharmos hoje a distribuição da riqueza no mundo, certamente estará bem diferente da relação 80/20. Talvez algo como 90/10 ou 95/5.

Ficou marcada a relação 80/20 a partir do estudo de Pareto, mas estes números variam dependendo da aplicação. Um fato persiste para lembrar Pareto: a desproporção entre os números.

Na área gerencial, por exemplo, recomenda-se que haja destinação de energia para tarefa que leve a resultado significativo (20% das tarefas têm esta característica), e não para a que resulte em poucos benefícios. Havendo problemas, 20% do esforço resolve 80% deles.

Na área de engenharia de software se poderia observar que o usuário passa 80% do tempo utilizando 20% das funcionalidades de um sistema; isto sugere que se descubram quais são estas funcionalidades, e que se concentrem esforços de desenvolvimento nelas. Outra aplicação: 80% dos erros de um software concentram-se em 20% dos seus comandos. Isto sugere que se identifiquem estes comandos e haja atenção a eles para a descoberta dos erros.

O gráfico de Pareto, por sua vez, destaca esta relação: ilustra os problemas por causa determinada, do menor problema para o maior. Consequentemente, a equipe do projeto trabalha primeiro em cima dos problemas maiores, depois nos menores.

PREÇO DO PIONEIRISMO

Há ônus para quem quer adquirir equipamento tecnológico, valendo-se de informações de vendedor ou de prospecto. Lembrei uma compra semelhante ao ver um colega retirar da caixa seu microprojetor novo, preparando-se para a apresentação de sua palestra. Montado o aparato, ele desistiu de utilizar o equipamento. A luminosidade era insuficiente para a sala, e não havia cortinas para bloquear a luz natural.

Também eu caí no conto da compra de novidade a partir de informações de um folheto que informava que o projetor do tamanho de um celular era para uso profissional. Cogitava utilizá-lo em aulas por onde andasse sem ter que carregar peso exagerado. Só que o anúncio não complementava que o equipamento exigia que a sala ficasse em escuridão total.

Comprei o projetor, e como a devolução não mais era possível, eu o encostei por completa inutilidade.

Algum tempo depois, em vez de um, outro colega me falou que iria comprar um lote de dez projetores semelhantes. Quando vi que se tratava de equipamento semelhante ao que eu havia adquirido, eu o demovi da compra a tempo.

EMPRESA FAMILIAR

Há um mal que grassa entre as empresas familiares. Quando a administração é passada para os descendentes, em decorrência de inaptidão, despreparo, incompetência, falta de dedicação, com frequência a empresa vai à falência.

É dispensável citar exemplos.

GERENTONA

Semblante carrancudo, sem se conceder ao menos um leve sorriso, notebook a postos, pronta para exibir um slide no Powerpoint ou então um graficozinho imediato no Excel. Isto impressiona. Ainda mais se o mandachuva é iletrado alfabeticamente e mais ainda digitalmente. Suponho que ele tenha pensado assim:

– Esta mulher é uma competência!

Resultados do errinho de avaliação: Petrobrás quebrada; Eletrobrás quebrada; empresas destruídas e, em consequência, empregos de brasileiros dizimados (sua marca – treze milhões de desempregados); inflação anual nos dois dígitos, e caminhando para o descontrole; receita de impostos decrescente, despesas descontroladas e crescentes; enfim, país quebrado.

Em 31/8/2017 terá decorrido um ano da sua queda. Ainda não se conseguiu determinar quantas décadas serão necessárias para retornar ao estágio de quando ela assumiu o primeiro mandato.

APRENDIZADO ORIUNDO DO ERRO

Phil Knight, criador da Nike, em entrevista a Daniel Bergamasco (*Veja*, ed. 2506, ano 49, no. 48, de 30/11/2016):

– Como diria um velho professor meu, a única vez em que você não pode errar é na última em que tentar.

NADA É DE GRAÇA

Desconfie sempre do que lhe é dado de graça.

Como, por exemplo, afirma Yuval Noah Harari (em "*Sapiens – uma Breve História da Humanidade*", L&PM, 2015) sobre as redes sociais: se lhe dão algo de graça, provavelmente o produto é você.

SOLUÇÕES SIMPLES

Sou dos convencidos de que as coisas têm que ser simples. A complexidade de uma solução é só uma prova de que ainda não dominamos a questão suficientemente.

Ninguém pense que é fácil chegar a uma solução simples. Depois que alcançada, parece trivial, óbvia. Mas o caminho para chegar a ela pode ser longo, tortuoso.

Este interesse me levou ao livro de John Maeda, "As leis da simplicidade: *design*, tecnologia, negócios, vida", Ed. Novo Conceito, 2007.

Maeda – artista, cientista da computação, professor do Laboratório de Mídia do MIT (*Massachusetts Institute of Technology*) – apresenta suas dez leis da simplicidade, e três soluções para alcançar a simplicidade no domínio da tecnologia. Tudo isto é posto em não mais que cem páginas – aliás, ele diz que limitou desde o início da escrita do livro o número de páginas em obediência à terceira lei de seu decálogo ("Lei de Economia de Tempo").

A lembrança do livro do Maeda me ocorreu depois que li o artigo de Cláudio de Moura Castro (Veja, ed. 2553, de 25/10/2017), intitulado "Uma solução para o ENADE". Como se sabe, o Enade (Exame Nacional de Desempenho) mede o domínio do currículo do curso pelo formando. A nota obtida é confidencial. Nada impede, porém, que o candidato ao emprego a mostre à empresa, se ela exigir na seleção. Esta é a solução simples proposta por Castro para que exames como Enem e Enade sejam valorizados pelos estudantes. Assim, casos de boicotes ou de desinteresse dos formandos seriam diminuídos, e não se desperdiçaria um instrumento valioso de administração acadêmica.

VOU MOSTRAR COMO SE GANHA DINHEIRO!

A nova proprietária da escola chega animada, fazendo investimentos meio atabalhoados, mas disposta a provar que o dono anterior não sabia ganhar dinheiro com o negócio.

Em pouco tempo, percebeu-se que não seria bem assim.

A escola mantinha turmas diurnas. À noite, as instalações eram utilizadas por uma faculdade. Nenhum espaço ocioso. O valor do aluguel garantia o pagamento da folha da escola. A renda das mensalidades cobria parcialmente os passivos existentes e as outras despesas. Cabia trabalhar para conquistar mais alunos, alcançar a lotação total e, com isto, a lucratividade máxima.

Atrás de alcançar resultados rapidamente, ela tentou logo renegociar o aluguel da faculdade. O dono da instituição notou que teria dificuldades com a nova proprietária e procurou outro lugar para instalar-se. No fim do período mudou-se.

Pronto! A nova direção agora não tinha mais o valor para pagar sua folha. Tinha que recorrer à receita das mensalidades.

Daí em diante foram decisões em série que, em vez de aumentar receita, diminuíam o faturamento da escola.

Bancarrota inevitável. Por fim, perda do dinheiro investido.

A arrogância mais uma vez não conseguiu vencer...

MORAL DA HISTÓRIA: Arrogância, prepotência, para quê? Quem assume função gerencial pode até estar convencido de que fará melhor do que vinha sendo feito, mas que certeza há? Chegar assim é mau começo.

VOLUNTARISMO NÃO DÁ!

A área de negócios não admite repetição de erros. Às vezes, nem há mesmo chance para repetição. A falência pode vir antes.

Certas decisões, pela sua importância, exigem assessoria capacitada. Assinatura de contratos, em especial, impõe assessor jurídico capaz para olhar as entrelinhas, as garantias, o que está subentendido nas cláusulas. Depois que o especialista da área se manifestou, impõe-se reflexão a respeito de suas palavras, muita reflexão, para a decisão final.

Há aproveitadores – oportunistas – hábeis em induzi-lo a erro, despertando-lhe ganância – que leva à irracionalidade, a decisões erradas. Exatamente da mesma forma como fazem os estelionatários no plano pessoal.

MORAL DA HISTÓRIA: É certo que a vontade é importante para levar à realização de algo, mas não é suficiente. São necessários atributos que talvez o voluntarioso não possua. Observe que usei o plural, pois não há um que, sozinho, garanta o resultado.

COMO FICAR RICO?

Sei a resposta desta questão (quem não sabe?) e a apresento em disciplinas como "Empreendedorismo" e outras em que caibam rudimentos de educação financeira. Claro, não me refiro a enriquecer com alguma modalidade de atividade criminosa, nem com jogo (legal ou ilegal), nem com a criação de alguma seita religiosa. Falo de enricar com o trabalho. Trabalho honesto!

Antes antecipo possível questionamento que os alunos podem me fazer: se sei como enriquecer, por que, afinal, não apliquei este conhecimento, já que não sou rico? Eu começo respondendo esta pergunta. Não relato as razões aqui porque se trata de algo muito pessoal (não cabe dizê-lo em um livro): deixo para externar em sala, onde é possível fazer alguma confidência como reforço de argumento. Depois de explicar por que não consegui enriquecer, listo os comportamentos que impedem chegar à riqueza. A partir daí, apresento os comportamentos, os conhecimentos e os argumentos que levam à riqueza.

Na questão comportamental, a partir das receitas existentes, a determinação de gerar o maior saldo mensal possível, depois de pagas todas as contas assumidas. Este saldo é investido para garantir a independência futura. Aqui cabe o estudo das alternativas de investimento existentes para escolha das mais rentáveis. Havendo a perspectiva de quinze a vinte anos com tal comportamento (sem se arredar dele – tarefa dificílima, pois exige renúncia do usufruto no presente de bens em face do futuro), o alcance do objetivo é resultante de simples aplicação de juros sobre juros. A renúncia mencionada é o que o professor Eduardo Giannetti chama de troca intertemporal na posição credora.

Aliás, é oportuno acrescentar: não me parece que seja uma perspectiva de vida razoável, ou aceitável, a da busca da riqueza em si. Antes que seja uma trajetória ao encontro da qualidade de vida que a independência financeira oferece ou pode proporcionar.

CONCEITUANDO VISÃO DE FUTURO[3]

A visão de futuro é a imaginação de algo significativo para realizar que exija um bom período de tempo e o trabalho esforçado no sentido de concretizar o que foi engendrado, ideado. A visão de futuro tem a ver com pessoas. Pode ser uma visão pessoal, de um grupo ou de uma família, de uma cidade, de um país, até de um continente. Quando sai do plano individual, exige a adesão de pessoas que se convençam da sua importância e aceitem trabalhar para realizá-la. A importância do conceito reside no fato de que para alcançá-la, são exigidos anos de trabalho, persistência e estudo sistemático. Desse modo, a visão de futuro não é algo que se realize de um dia para o outro.

Um exemplo de visão de futuro pessoal é aquele formulado pela criança ao dizer o que quer ser quando crescer. Claro que isto vai mudar ao longo do tempo. Ela pode passar de uma visão para outra, à medida que cresce.

Outra visão de futuro pessoal é obter um título de graduação quando se está no ensino fundamental ou médio. Ou obter um título de doutor em dada área de conhecimento, quando se iniciou a graduação, por exemplo.

Quando várias visões tiverem sido formuladas, é preciso concentrar-se na mais próxima, temporalmente. E aí manter trabalho obstinado e foco para realizá-la. O alvo deve ser necessariamente ambicioso, mas factível.

Exemplo de visão de futuro de um grupo pode ser aquela proposta por uma família, por um grupo religioso, por um clube, por um município, por um estado, por um país. Nestes casos, há necessidade de um líder que proponha ou conduza a formulação da visão e que a mantenha de pé até a sua concretização, que trabalhe para não haver dispersão do grupo. A escolha de um prefeito, de um

---

[3] Extraído do meu livro "Empreender é a Questão", lançado em julho/2018.

governador, de um presidente, a partir de seu plano de metas, pode assumir o papel de uma visão para o grupo relacionado, desde que o político seja capaz de concretizar o plano; isto exige que ele tenha capacidade de liderança para galvanizar as forças do país para a realização do planejado.   Com frequência, são investidos nestes altos cargos de governo quem julga que a "decisão política" de fazer algo é suficiente. Não é. Sem capacidade gerencial, sem capacidade de liderança, ele não terá sucesso. Voluntarismo não basta.

A concepção do Mercado Comum Europeu é um exemplo de visão de futuro aplicada a um continente. Imagine o esforço realizado pelos países europeus que assumiram a construção de um mercado único para o continente, com uma única moeda, com isenção de tarifas alfandegárias para os produtos industriais, com livre circulação dos produtos agrícolas da área, com proteção contra produtos provenientes de outras áreas, com constituição de um parlamento europeu com representantes eleitos pelos países para decidir sobre as questões comuns. Foi o que ficou estabelecido pelo Tratado de Roma, assinado em 25 de março de 1957, pela França, Itália, Alemanha Ocidental, Bélgica, Holanda e Luxemburgo.

Hoje, a União Europeia é constituída de 27 países; o Reino Unido, que já não tinha sido signatário inicial, saiu da União em referendo realizado em 23 de junho de 2016. Esta saída foi chamada de BRexit (Saída da Grã-Bretanha).

Deve ter ficado claro por que a ideia de visão de futuro é apresentada em um livro sobre empreendedorismo. Isto mesmo! Porque se tornar empreendedor é um bom exemplo de visão de futuro. Não se consegue sem, por exemplo, determinação, conhecimento em administração de negócios, identificação de uma área de atuação, criação de produto ou serviço a ser oferecido para clientela dessa área interessada ou com potencial de interessar-se por este produto ou serviço, obtenção dos recursos necessários para iniciar o empreendimento. E persistência diante de obstáculos que aparecerem.

Uma frase de Barker (2002), muito citada, e que define bem visão de futuro: "uma visão sem ação não passa de um sonho; ação sem visão é só um passatempo; visão com ação pode mudar o mundo".

A visão de futuro pode ficar como um sonho se não houver busca pela sua realização. Portanto, as ações do presente são direcionadas e determinadas pela visão. As grandes realizações humanas decorreram de visões de futuro em que, após a formulação, um líder encarregou-se de reunir os meios necessários e trabalhou para superar os obstáculos encontrados, até sua concretização.

Barker (2002) afirma que a visão nunca é expressa em números. Para uma empresa, a visão não seria, por exemplo, o retorno sobre o investimento feito, o alcance de um dado índice de lucratividade. Números como estes expressam, no máximo, consequências de uma visão não determinada.

Barker (2002) afirma ainda: "As nações ascendem e declinam com suas visões de futuro. Isto tem sido verdade desde os primórdios da história documentada".

Dois exemplos podem ser citados aqui: o reerguimento do Japão após a Segunda Grande Guerra, a partir de visão de futuro mobilizada pelo Imperador Hirohito. O mesmo aconteceu com a Alemanha, depois de ter sido dizimada na Segunda Guerra Mundial, até chegar ao posto de primeira potência econômica europeia.

Características da visão de futuro

Barker (2002) aponta quatro características que as visões precisam ter:

1) *Iniciação pela liderança* – um líder confiável, com capacidade de mobilização e aglutinação de forças é importante para fazer com que a visão seja mantida e o pessoal coeso, até sua concretização, superando os obstáculos que aparecerem;

2) *Compartilhada e apoiada* – a visão precisa ser assumida pelo grupo, formando a comunidade da visão;

3) *Abrangente e detalhada* – a visão deve ser algo relevante e significativo para a sociedade, para a comunidade; deve ser detalhada de forma que os passos que levam ao seu alcance sejam passíveis de identificação;

4) *Positivas e inspiradoras*: a visão deve ser positiva no sentido de que beneficie a sociedade, a comunidade; que a inspire na busca da sua concretização.

No seu vídeo, Barker apresenta a seguinte metáfora: há um rio, de correnteza forte, que precisa ser atravessado para alcançar a outra margem. Lançar-se à água fará com que a pessoa chegue à outra margem, sabendo nadar; ela terá que lutar contra a correnteza, que a vai levar para um ponto distante no outro lado. Se houvesse uma corda amarrada a uma árvore na outra margem que a pessoa pudesse segurar enquanto atravessa, certamente ela a alcançaria com maior facilidade, no ponto desejado. Nesta metáfora, a visão de futuro seria a corda que garantiria a travessia com mais facilidade para o ponto desejado na outra margem.

A visão de futuro deve ser clara para toda a comunidade de participantes de uma organização. Cada um precisa ter ciência de como sua participação diária pode ajudar a concretizá-la, e estar motivado para atuar nesta comunhão de esforços.

A visão, assim como a missão institucional, não deve ficar recolhida nos planos organizacionais. Devem ser colocadas em quadro e afixadas em lugar visível nas dependências da empresa, para que todos as tenham sempre presente.

Missão, princípios e visão de futuro

Para dar clareza a estes conceitos, baseado em documento oficial da UFPA (seu Plano de Desenvolvimento Institucional 2016-2025), são apresentados adiante a missão da UFPA, os princípios que balizam esta missão e a visão de futuro institucional (Ufpa, 2016).

A missão de uma organização é a sua razão de existir. É uma frase que expressa um compromisso que a organização manifesta hoje.

Para isto, alguns princípios são listados; eles pautam a realização da missão. Pelo que está exposto abaixo, a missão da UFPA é formar cidadãos capazes de construir uma sociedade inclusiva e sustentável, tendo como base a produção, a socialização e a transformação do conhecimento na Amazônia. Sociedade inclusiva é aquela que não ignora nenhum dos segmentos que a compõem. Sociedade sustentável é aquela cujo desenvolvimento se mantém ao longo do tempo, preservando seus recursos em vista das futuras gerações.

Portanto, a missão está associada ao que a organização é hoje e sempre, é imutável; os princípios norteiam a realização da missão.

Já a visão de futuro, por óbvio, está associada ao que a organização não é hoje, mas deseja ser no futuro. E, para isso, pretende trabalhar arduamente para alcançar.

Por exemplo, a visão de futuro da UFPA (detalhada adiante) é "ser reconhecida nacionalmente e internacionalmente pela qualidade no ensino, na produção de conhecimento...". A UFPA tem este reconhecimento nacional e internacional? Longe disso. Observe que o reconhecimento desejado é muito difícil de ser conseguido. Trata-se de uma boa visão por expressar algo de grande importância, que potencializará a sua própria missão. A concretização da missão (se ocorrer) precisa envolver toda a organização – alta administração, professores, alunos, técnicos e pessoal administrativo – cada um dando o máximo do seu trabalho, contando com recursos financeiros e materiais, com práticas de gestão atualizadas, com tecnologia apropriada para racionalização dos processos e maximização dos resultados.

Missão institucional da UFPA

"Produzir, socializar e transformar o conhecimento na Amazônia para a formação de cidadãos capazes de promover a construção de uma sociedade inclusiva e sustentável" (Ufpa, 2016, p. 31).

Talvez se pudesse acrescentar à missão da UFPA, explicitamente, *"Produzir, socializar e transformar o conhecimento na Amazônia e sobre a Amazônia"*, pois, como principal instituição da Região Amazônica carrega este compromisso de berço, que a tornaria referência pela importância da Amazônia para o mundo. Afinal, faz sentido que a principal instituição de pesquisa da Amazônia não seja a maior produtora de conhecimento sobre a Região? Fica a minha sugestão aqui registrada.

Princípios da UFPA

Estes são os princípios balizadores da missão da UFPA (Ufpa, 2016, p. 32):

• A universalização do conhecimento;
• O respeito à ética e à diversidade étnica, cultural, biológica, de gênero e de orientação sexual;
• O pluralismo de ideias e de pensamento;
• O ensino público e gratuito;
• A indissociabilidade de ensino, pesquisa e extensão;
• A flexibilidade de métodos, critérios e procedimentos acadêmicos;
• A excelência acadêmica;
• A defesa dos direitos humanos e a preservação do meio ambiente.

O conhecimento produzido é publicado em benefício da sociedade, salvo, claro, os casos em que haja alguma restrição por exigência de registro de patentes ou em projetos de pesquisa em que haja conveniência de privacidade.

O estágio civilizatório atual impõe o respeito à ética e a convivência e a aceitação da diversidade de toda natureza. Da mesma forma, a pluralidade de correntes de pensamento, a defesa dos direitos humanos e a preservação do meio ambiente são valores intrínsecos desse estágio.

Com relação a consignar "ensino público e gratuito" como um princípio é questionável. O nível universitário é a prioridade da educação no país? Não deveria ser pela leitura da realidade: ela aponta educação básica precária e deficiente por todas as leituras que se façam. Portanto, pôr como princípio "ensino público e gratuito" é da conveniência da instituição, mas é contrário à racionalidade, em razão da carência de recursos para a educação pré-escolar e para a educação básica. Como há escassez de recursos, a prioridade deveria recair nos níveis inferiores. Então, como as universidades públicas seriam mantidas? Ora, elas que encontrem formas de sobrevivência.

Os pilares da universidade são o ensino, a pesquisa e a extensão. O conhecimento a ser ensinado deve provir da pesquisa; e este conhecimento deve ser levado à sociedade por meio de atividades extensionistas, nas suas diversas modalidades (publicações, cursos, eventos, envolvimento em projetos).

Ter como princípio a flexibilidade e a busca da excelência no que faz é exigência da administração moderna.

Da mesma forma, para que a formulação de missão, de seus princípios norteadores e da visão de futuro não constitua puro modismo gerencial é necessário que haja instrumentos que possibilitem a verificação da distância organizacional em relação a estes alvos. E, com base nesta leitura, ajustes operacionais e gerenciais sejam realizados.

Visão de futuro da UFPA

"Ser reconhecida nacionalmente e internacionalmente pela qualidade no ensino, na produção de conhecimento e em práticas sustentáveis, criativas e inovadoras integradas à sociedade" (Ufpa, 2016, p. 33).

Para merecer o reconhecimento nacional e internacional nos quesitos relacionados (qualidade no ensino, produção de conhecimento e práticas de integração à sociedade), a UFPA precisa sobressair nos exames a que seus alunos sejam submetidos (ENADE, por exemplo) e a produção científica de seus professores deve ter o referendo dos principais periódicos e eventos, nacionais e internacionais. Por exemplo, na 14ª edição do *World University Rankings*[4], publicada em 05/9/2017, com as mil melhores universidades de 77 países[5], somente 21 instituições brasileiras são relacionadas. A UFPA não aparece entre elas. A primeira universidade brasileira a aparecer na lista é a USP[6], assim mesmo na posição do grupo que vai de 251 a 300 melhores instituições (a partir da 200º, as universidades são agrupadas de 50 em 50) (Bermúdez, 2017).

Ora, para concretizar esta visão, não basta jogá-la no papel e esperar que ela se materialize por si mesma. Como de resto acontece com qualquer plano que se elabore: na medida em que as ações de planejamento foram bem executadas (escopo, estimativa e alocação dos recursos necessários, cronograma de trabalho), o plano foi aprovado, inicia-se a execução – tornar realidade o que foi

---

[4] O ranking é feito pela *Times Higher Education* (THE), publicação britânica, especializada em avaliação do ensino superior.
[5] A lista é encabeçada pela University of Oxford (Reino Unido); em 2º lugar, a University of Cambridge (Reino Unido); em 3º, California Institute of Technology (EUA) e Stanford University (EUA).
[6] A 2ª universidade é a Unicamp; a 3ª é a UNIFESP.

planejado. Deve haver trabalho articulado para mobilizar todos os escalões da instituição para ocorrer alguma aproximação da sua realidade. Para não se tornar, como afirmado por Barker (2002), um mero sonho.

Com respeito à visão de futuro da UFPA, observe que ela não é quantificável, é qualitativa: "Ser reconhecida nacionalmente e internacionalmente...". Não há a medida do reconhecimento que se busca. Passado o tempo desde quando foi formulada, não há como avaliar se houve aproximação. É uma visão de conveniência, de acomodação institucional. Veja, por exemplo, que seria bem diferente se posta da seguinte maneira em plano estratégico em que a visão seria o alvo a atingir: "Ser reconhecida entre as dez melhores universidades do país pela qualidade no ensino, na produção de conhecimento...". No fim do período do plano, poder-se-ia avaliar se a visão foi alcançada, e em que medida ocorreu. Se não foi alcançada, as estratégias executadas não foram eficazes em levar à concretização, e deveriam ser ajustadas.

Para ilustração, consideremos a missão, os valores (princípios) e a visão de um grupo empresarial que atua em vários segmentos, o principal dos quais a indústria do aço (GERDAU)[7]:

Missão: *"Gerar valor para nossos clientes, acionistas, equipes e a sociedade, atuando na indústria do aço de forma sustentável"*.

Valores (Princípios):

- Ter a preferência do CLIENTE;
- SEGURANÇA das pessoas acima de tudo;
- PESSOAS respeitadas, comprometidas e realizadas;
- EXCELÊNCIA com SIMPLICIDADE;
- Foco em RESULTADOS;
- INTEGRIDADE com todos os públicos;
- SUSTENTABILIDADE econômica, social e ambiental

---

[7] Gerdau.com.

Visão: "Ser global e referência nos negócios em que atua".

Comentários sobre as informações: objetividade nas formulações. Como um grupo empresarial com ações negociadas em bolsa, a missão é gerar valor para os agentes envolvidos; os valores são expressos, concisamente. E a visão, na mesma direção, propõe atuação global e ser referência nos segmentos em que atua.

NECESSIDADE DE INFORMAÇÃO PARA DECISÃO

Refletindo a respeito da necessidade de informação para decidir nos escalões organizacionais, há o convencimento de que o topo da pirâmide empresarial – chamado nível institucional ou estratégico – é o mais difícil de suprir.

Quais as razões para isto? Certamente há necessidade de informação estruturada, mas conhecível a priori, como nos outros níveis. Há necessidade de informação desestruturada, idem. Há também necessidade de informação que não se consegue prever, em especial aquelas a serem obtidas fora da organização. Há necessidade de informação agrupada, a partir de múltiplas áreas funcionais da organização. Isto normalmente é provido por meio de ERP – *Enterprise Resource Planning* – Planejamento de Recurso Corporativo – software integrado de gestão empresarial que reúne numa única solução as informações gerenciais dos setores de uma empresa (contabilidade, finanças, RH, fiscal, suprimentos, patrimônio, vendas).

Também podem ser citadas informações extraídas de *Data Warehouse* [DWH] (depósito ou armazém de dados, que guarda informações detalhadas de uma empresa, com o objetivo de subsidiar a tomada de decisão com relatórios históricos extraídos do DWH). Podem ser considerados também "data marts" – subconjuntos do DWH direcionados para uma linha de negócios (informações de um departamento). DWH pode ou não se aliar a *Business Intelli-*

gence – BI (inteligência empresarial). BI refere-se à recuperação e ao tratamento de informações para apoiar a gestão de um negócio.

Também é forçoso citar OLAP – *Online Analytical Processing* (Processo Analítico em Tempo Real), ferramenta usada para explorar um DWH.

Como também mineração de dados (*"data mining"*), que é a busca de padrões, ou associações, ou mudanças e anomalias relevantes presentes nos DWHs (o termo "mineração de dados" é usado desde 1990).

Passando ao nível tático ou gerencial: há maior previsibilidade da necessidade. A informação é consolidada, agrupada, dados históricos sintéticos. É conveniente a construção de gráficos com tendências e projeções.

Já no nível operacional, as decisões exigem disponibilidade de dados e informações detalhadas sobre processos específicos, dependendo da área funcional. Também há previsibilidade.

INDUÇÃO E CONTRAINDUÇÃO

A propósito de quem persista nos erros, os mesmos, sempre: lembremos o brilhante Mário Henrique Simonsen e seu princípio da contraindução:

– Uma experiência que dá errado inúmeras vezes deve ser repetida, até que dê certo.

É o caso de quem comete os mesmos erros reiteradas vezes, com a esperança de que o resultado seja outro.

AS PRIORIDADES CERTAS

Ocupei alguns cargos gerenciais na minha vida acadêmica. Em todas estas ocasiões, defrontei-me com recursos escassos.

Gerenciar sem escassez de recursos é uma maravilha. A melhor avaliação da qualidade do trabalho gerencial é feita diante de condições de carência de recursos, de qualquer natureza que seja. Nesta situação, a capacidade de buscar soluções é fator determinante do trabalho gerencial.

Em certa ocasião, procurei o Reitor da Universidade para ponderar que a área de computação, como relativamente nova no concerto universitário, merecia investimento prioritário para sobressair-se como área fundamental para a própria instituição, já que suas ações se espraiam por todas as áreas de conhecimento. Cheguei a cunhar a frase: "Nenhuma área de conhecimento se desenvolverá fortemente sem trilhar o caminho da computação".

Defendi que a computação é importante por si mesma e viga mestra para sustentar todo o espectro do conhecimento. Relatei a demanda que a sociedade faz para os cursos de computação. Afirmei que sem recursos específicos, a computação não se desenvolveria com a celeridade requerida pela Universidade. Isto poderia traduzir-se pela alocação de mais vagas de professores: que não se limitasse às substituições de praxe. Defendi estas ideias e pedi que a área fosse posta como prioritária para a Instituição.

No entanto, o Reitor refutou minha proposta com o seguinte argumento cortante:

– Professor, todas as áreas são prioritárias na minha administração.

Fiquei chocado com a resposta. A educação e a polidez me impediram de expressar o que pensei ao ouvir estas palavras:

– Se todas as áreas são prioritárias é porque nada é prioritário na sua administração.

NÃO É LIDERANÇA

Muito engraçada a foto do líder do MST (Movimento dos Trabalhadores Rurais Sem Terra), Pedro Stédile, sozinho, acomodado no salão VIP do aeroporto, esperando seu voo para Brasília, degustando algo, sem pressa, enquanto manuseia uns papéis. A viagem à capital federal é para a entrega do registro da candidatura do ex-presidente Lula ao TSE (Tribunal Superior Eleitoral).

Em evento anterior, prudentemente ficando de fora, ele havia designado alguns companheiros em nome do movimento para enfrentarem uma "greve de fome" em frente ao STF pela soltura do preso ilustre. Pela silhueta saliente da região abdominal do líder, vê-se que ele cuida bem da sua fome.

Voltando à viagem. Enquanto ele faz o percurso por via aérea, os liderados o fazem por via de superfície. A pé!

MORAL DA HISTÓRIA: Intitulei a nota por ironia. O que é relatado não é caso de liderança. Ao contrário. Diz o que não é. O líder tem que estar ao lado dos liderados. O líder tem compromissos com resultados. Ao que consta, não há resultados neste movimento. Os opositores dizem que não há um pé de couve plantado nos assentamentos. Não chego a tanto. O fato é que não há um caso de sucesso nos assentamentos. Não tenho ciência disso.

GÂNGSTER DO DIREITO

Modos refinados, delicadeza nos gestos e nas palavras. Nada sugere que se trata de um escroque.

Convidado para o almoço, e sabendo que seria servido peixe, chega com três garrafas de vinho chileno indicado para a carne branca. Vê-se que procura passar por bom enólogo. Não perde a chance de falar da qualidade do produto importado, da safra, da procedência. Como pessoa de escol, não menciona o preço. O máximo que diz é que a produção é exclusiva, selecionada, e o produto é feito com as melhores uvas chilenas.

Interessado em comprar a empresa que o anfitrião possui, encontra-se na fase de aproximação, de convencimento, de mostrar-se como pessoa confiável, de conduta irreprochável.

É professor de direito, constitucionalista, faz questão de informar. Aduz que o contrato de compra que elaborou expressa exatamente o que o vendedor tem interesse de consignar. Não é verdade. Matreiramente, não inclui cláusula que atualize os valores de parcelas por atraso no pagamento. Nem a restituição da empresa caso não haja determinado número de pagamentos devidos. O anfitrião estava, embevecido, ouvindo o que gostaria de ouvir. Por causa disso, o gângster, travestido de *gentleman*, nem chegou a ser questionado. Se o fosse, a resposta já estava pronta:

– As garantias expressas eram suficientes nos termos do contrato. De mais a mais, a prática nas suas empresas é não pagar juros por atraso. Por isso, seu grupo empresarial tem crescido sustentavelmente. Como alguém poderia sugerir que ele não fosse pagar as parcelas do contrato no devido prazo?

Ninguém se dava conta no entorno do anfitrião, mas todos os ingredientes do estelionato estavam postos devidamente, e eram manejados pelo trapaceiro com maestria. Mais uma vez, ele executava com perfeição o plano do estelionato, golpe já aplicado em outros estados.

Contrato assinado, primeiros meses correm rigorosamente como planejado. Terminado o período em que as partes poderiam desistir do negócio, passou a descumprir tudo o que lhe estava imposto. E desencadeia ações para explorar ao máximo as potencialidades da empresa, inclusive com clara afronta à legislação, não só a tributária, mas a que normatiza o funcionamento do negócio da empresa.

Depois desta fase de exploração predatória, a consumação do golpe se dá quando encontra comprador para a empresa. Já há agora quem vai responder por todas as ilegalidades cometidas pelo gângster. Como aumentou consideravelmente o faturamento com as ações ilegais, o comprador está certo de que vai fazer negócio vantajoso com a aquisição.

Prevalece ao cabo o ditado: "todo dia, um espertalhão e um pateta saem de casa, e eles vão fazer negócio".

Diante de situação semelhante, acautele-se. Não faça o papel de pateta neste enredo.

MORAL DA HISTÓRIA: Quando lhe aparecer uma oportunidade muito vantajosa em um negócio qualquer, aja com calma. Se o proponente exigir desenlace rápido, acautele-se. Verifique se não se trata de estelionato. Se for, ele vai pressionar para que você consuma o negócio com brevidade. O objetivo dele é não lhe dar tempo para análise mais acurada das condições da proposta e do contrato e nem que consiga fazer as verificações necessárias.

UM GRANDE EMPREENDEDOR

Tive contato com um dos maiores empreendedores do Pará, morto em acidente com a queda de avião em uma de suas fazendas.

O Governo do Estado atribuiu seu nome ao Terminal Hidroviário de Belém: Luiz Rebelo Neto.

Nas raras ocasiões em participei de reunião com ele, pude perceber o tirocínio, a objetividade das suas manifestações. Tudo meio intuitivo, pois não tinha formação superior.

Aliás, ele comentava este fato: não tinha curso superior, mas empregava muitos com o título. Até dizia que não conseguia compreender como estas pessoas, com o conhecimento técnico que dispunham, não empreendiam, não tinham negócio próprio, preferiam ser empregados.

Uma das características do empreendedor via-se nele plenamente: o tino empresarial, a percepção de oportunidades que ninguém conseguia ver, a capacidade de estruturar um negócio rentável, sustentável, partindo da ideia. Quando consolidado o negócio, rapidamente redirecionava sua atenção para outra área.

Apesar da pequena interação, aprendi muito com ele: a habilidade de enxergar oportunidades de negócio antes dos concorrentes, a capacidade de desfazer-se de um empreendimento no momento certo, evitando perder os investimentos feitos. Com base neste aprendizado, passei a adotar uma questão de prova que entrego para os alunos no primeiro dias de aula de Empreendedorismo: exatamente a análise a ser feita pelo empreendedor para descobrir o momento certo de desfazer-se de um negócio e partir para outro mais atrativo. As respostas óbvias – mas insuficientes – são quando se percebe que o faturamento é declinante, a despeito dos esforços para mantê-lo ou aumentá-lo; todas as possibilidades de redução de custos já foram consideradas; a conquista de mais clientes esbarra em concorrência acirrada na área de atuação da empresa.   Há que se considerar o investimento feito; a depreciação natural dos bens da empresa pode dar-se em escala superior à sua própria lucratividade, exigindo ação imediata com relação à operação da empresa. A questão é preservar ao máximo o investimento feito.

Assim, pegou a empresa pequena criada pelo pai no ramo do transporte marítimo, e transformou-a em grupo empresarial forte, com filiais em São Paulo, no Rio de Janeiro, em Manaus, em Goiânia. Além do transporte marítimo, passou a atuar no transporte rodoviário. Outros negócios: estaleiro para reparos e construção de balsas e barcos, agência de viagens, fazenda que funcionava como hotel e utilizada também para criação de pirarucu para exportação.

A trajetória foi interrompida de maneira trágica para a família, que dependia da sua capacidade empreendedora, e para o estado do Pará, que perdeu um filho cuja capacidade de realização era de tal ordem que é difícil que apareça alguém que ocupe a lacuna deixada.

NÃO BASTA PLANEJAR

Quando falo de planejamento em minhas aulas, lembro um evento que organizei. A lembrança decorre do esforço excessivo despendido no planejamento e pelo resultado pífio obtido com a execução. Palestrante contatado, auditório reservado, plateia convidada, coffee-break acertado, sucos e refrigerantes providenciados. No dia do evento, pela manhã tudo foi repassado e as últimas providências tomadas. O evento seria à noite.

Na hora aprazada, tudo corria perfeitamente. Palestrante presente quinze minutos antes do início. Equipamentos devidamente testados. Público chegando. Quinze minutos depois do horário previsto, a plateia estava completa. Prenúncio de que tudo correria bem.

Como organizador do evento, repassei com meus assistentes se tudo estava perfeito. Nenhuma providência por tomar. Palestra iniciada.

Prestes a terminar a sessão, confirmei com um dos assistentes se o coquetel que encerraria o encontro já estava posto. Ele me disse que sim. E aí cometi grande erro, que resultaria no fracasso do evento: não conferi in loco meu *checklist*, item a item. Como confiei no que me foi dito, anunciei que o coquetel seria realizado em sala contígua. Chegando lá, constatei que a grande mesa estava posta, repleta de salgados e doces variados. Mas nada líquido posto sobre a mesa: nem refrigerantes, nem sucos. Perguntei ao assistente o que havia ocorrido. Ele me disse que a pessoa contratada ficou de entregar no local do evento, mas não tinha feito ainda. Enquanto isto as pessoas já estavam em volta da mesa, deliciando-se com os acepipes: empadas, coxinhas, unhas, doces sortidos. As empadas deliciosas pediam algo líquido, e nada disponível. O assistente dirigiu-se ao fornecedor, que realmente tinha preparado tudo, só que achava que alguém viria apanhar; enquanto isto o assistente esperava que a entrega fosse feita no local da palestra. Resultado: quando ele afinal trouxe as garrafas de refrigerante e as jarras de suco, grande parte da plateia já se tinha retirado. Um evento que foi preparado com antecedência, minuciosamente, fracassou completamente.

A lição que aprendi do episódio: preparar um *checklist* detalhado. Ao verificar a lista, ser bastante explícito com os itens. Tudo aquilo que foi delegado merece uma confirmação minuciosa. Caso contrário, de nada valem as técnicas de administração. O fracasso é certo.

A BUSCA DA SIMPLICIDADE

Para tudo o que não dominamos, temos a propensão a sugerir soluções complicadas. Quando dominamos uma área, nossas soluções são as melhores e são, invariavelmente, as mais simples.

A melhor solução quase sempre não é complexa. Pelo menos enquanto não dominamos o problema.

Temos tendência a pensar na solução complexa. Por exemplo, na comunicação escrita, temos propensão à prolixidade, às inversões, aos períodos mais longos, à adjetivação excessiva. Quando dominamos esta arte, percebemos que o melhor – o que comunica melhor – é o mais simples: frases curtas, períodos curtos, uso parcimonioso de adjetivos, restrição a inversões.

Simplicidade: esta é uma virtude a perseguir sempre!

POÇO PROFUNDO

Um colega conseguiu ser eleito presidente da Associação dos Funcionários da UFPA há muitos anos. Auditando as contas do presidente anterior, ele encontrou uma fatura de perfuração de um poço artesiano para a sede social que, pelo valor exorbitante do serviço executado, daria para alcançar o Japão.

FRASES DE REPARTIÇÃO PÚBLICA

"*Só é urgente o que não foi providenciado a tempo*". Para se prevenir de pedidos urgentes, o servidor público afixa esta frase na sua sala.

Há imprevidentes demais, que deixam para última hora seus pedidos; e depois só lhes resta cobrar urgência.

"*Se você não tem o que fazer, não o faça aqui*". Ocorre demais de o servidor que não tem o que fazer sair de sala em sala, conversando, impedindo o trabalho dos colegas.

REFINANDO AS ESTIMATIVAS

No processo de planejamento, há necessidade de estimar os recursos necessários para o projeto em questão. Como diminuir a incerteza no processo de estimativas de recursos necessários para execução de projetos de software?

A resposta para esta questão que o PMI nos dá: pode-se diminuir a incerteza com a utilização de dados históricos de projetos passados (a experiência obtida dos projetos passados é levada para os próximos); com a obtenção e o registro de métricas sobre tarefas executadas durante o projeto de software; com a padronização do processo de desenvolvimento de projetos de software (EAP – Estrutura Analítica do Projeto/WBS – *Work Breakingdown Structure*).

CONTRARIANDO A LEI DE BROOKS

A lei de Brooks estabelece que alocar pessoal a um projeto de software atrasado atrasa-o ainda mais, contrariamente ao que acontece na engenharia de produtos físicos (é assim, por exemplo, na engenharia civil), em que o resultado do processo é algo palpável, visível, mensurável (Brooks, 1995). O atraso mencionado na lei de Brooks decorre da necessidade de comunicação nos projetos de software, já que cada membro colabora intensamente com os demais participantes, recebendo artefatos produzidos por estes e municiando-os com os que tenha desenvolvido. Isto não acontece na engenharia civil, pois na construção de um prédio de apartamentos, por exemplo, a equipe que cuida de um andar tem pouca necessidade de comunicar-se com as equipes de outros andares.

A questão posta nesta nota é identificar circunstâncias em que a lei de Brooks seja contrariada, ou seja, haja adição de pessoal a um projeto atrasado e ele não fique ainda mais atrasado.

A resposta a esta questão: se um projeto for compartimentalizado e bem organizado vai haver menos necessidade de interação entre os participantes; se a documentação produzida tiver sido bem feita; se as interfaces entre os componentes forem claramente definidas; se for possível que tarefas sejam executadas paralelamente; se o pessoal a ser incorporado for competente; se os recém-chegados puderem selecionar o que precisam da configuração ao invés de obter dos engenheiros de software que trabalham no projeto, pode-se acrescentar pessoal ao projeto sem impacto negativo.

A BUSCA DA EXCELÊNCIA NA ÁREA EDUCACIONAL[8]

No ensino superior, não é mais concebível que as instituições de ensino atuem sem suporte de planejamento estratégico, sem priorizar as ações que levem à concretização de sua missão institucional, como também de sua visão de futuro. Mas isto só faz sentido se houver trabalho paralelo de acompanhamento e controle em todas as instâncias inferiores, para assegurar comprometimento de todos com a realização do plano.

Sem comprometimento de todas as instâncias organizacionais da forma descrita acima, o planejamento estratégico perde seu va-

---

[8] O texto extraído (e adaptado) de meus livros de Didática: "Elementos de Didática da Computação", "Elementos de Didática da Matemática", "Elementos de Didática da Física", "Elementos de Didática das Ciências Naturais", "Elementos de Didática das Engenharias" e "Elementos de Didática da Química", lançados em 2018.

lor. Seria mera atividade consumidora de tempo e de recursos institucionais, sem consequência alguma.

A abordagem sugerida neste livro para realização dos objetivos das disciplinas dos cursos e para desenvolvimento de habilidades e competências requeridas no projeto pedagógico respectivo e nas diretrizes curriculares (quando as há) obedece à orientação sistêmica, portanto, não é tarefa isolada. O alcance de objetivos e o desenvolvimento de habilidades e competências se inserem no plano estratégico do curso que, por sua vez, se insere no plano do instituto, até chegar ao plano de desenvolvimento institucional. Os planos dos escalões inferiores levam em conta as diretrizes estabelecidas no escalão superior imediato.

Quando o plano estratégico da Instituição é finalizado, ele é levado em conta na elaboração dos planos dos institutos; por sua vez, os planos dos institutos reúnem os planos dos cursos, vai descendo no organograma, até chegar ao professor, com os seus planos de aulas.

O planejamento organizacional começa com o Plano de Desenvolvimento Institucional, tendo como base a missão e a visão de futuro da Instituição, vem descendo nível a nível organizacional, até chegar à coordenação de curso e, por fim, ao professor. Na medida em que cada professor dá conta do que lhe cabe no âmbito da sua atuação, este resultado repercute no nível acima (no curso respectivo), até chegar ao escalão institucional, para aferição do alcance da missão e da aproximação que se conseguiu da visão de futuro organizacional em dado período de tempo.

O planejamento de ensino com abordagem sistêmica começa no nível institucional, passando pelo nível gerencial, até o nível operacional, chegando ao estágio que cabe ao professor – planejamento de curso, planejamento de unidade, planejamento de aula.

Há alguma dúvida de que, para uma instituição de ensino realizar sua missão e aproximar-se da concretização de sua visão de futuro, é necessário comprometimento de todos os profissionais que atuam em todas as instâncias organizacionais?

Há alguma dúvida a respeito da inutilidade da missão e da visão de futuro que ficam afixadas na parede e registradas no plano estratégico institucional, sem que alguém cuide cotidianamente para que elas se tornem realidade, por meio de acompanhamento e controle das instâncias inferiores?

Apenas formular a missão e a visão de futuro é suficiente para realizar uma e outra?

A seguir, as duas últimas perguntas da série:

– É racional esperar que ocorram melhorias institucionais deixando que cada profissional faça o seu trabalho do jeito que lhe aprouver, sem articulação e coordenação dos trabalhos e sem compromisso com o alcance de metas e resultados predeterminados?

– É razoável que o professor trabalhe isoladamente, sem que alguém o ouça a respeito de demandas, e sem que alguém analise seus resultados?

Para ilustrar os conceitos citados acima tomemos como exemplo informações constantes no Plano de Desenvolvimento Institucional 2016-2025 da UFPA (foram referidas na nota "Conceituando Visão de Futuro" em páginas passadas). Trazendo de volta a missão e a visão de futuro respectiva:

Missão Institucional da UFPA: *"produzir, socializar e transformar o conhecimento na Amazônia para a formação de cidadãos capazes de promover a construção de uma sociedade inclusiva e sustentável"* (PDI UFPA, p. 31).

Visão de futuro da UFPA: *"ser reconhecida nacionalmente e internacionalmente pela qualidade no ensino, na produção de conhe-*

cimento e em práticas sustentáveis, criativas e inovadoras integra-das à sociedade" (PDI UFPA, p. 33).

Cabe a pergunta – e com ela fica expressa a razão por que missão e visão de futuro são trazidas para cá: há utilidade em se fazer planejamento estratégico se missão e visão de futuro são ig-noradas no âmbito dos cursos e, em particular, pelos docentes en-carregados de cada disciplina ministrada na instituição de ensino? Não é a partir do que é feito didaticamente em cada disciplina que a missão é realizada, e que a visão de futuro poderá vir a ser alcan-çada no horizonte determinado?

A visão sistêmica do planejamento educacional é assunto abor-dado a seguir.

Planejamento de ensino

A importância do planejamento para qualquer empreendimento humano é dada pela abrangência, pela complexidade do que se pretende alcançar. Como o alvo é algo que não se tem no momen-to, o plano criado na ação de planejar vai determinar os passos do cotidiano que levem a ele.

Aliás, um aspecto relevante por trás da sistemática descrita acima é o planejamento da ação docente. A improvisação só é váli-da como último recurso: quando algum imprevisto ocorreu, impedin-do o que estava planejado de ter sua execução. Por exemplo, o professor contava com dado equipamento para sua aula – a provi-dência para reserva foi feita, mas, por alguma razão, este não está disponível no início da aula. Cancela-se a aula? Não, o professor recorre ao seu plano substituto, e o executa.

Um dos tópicos relevantes para a aprendizagem do aluno é o planejamento da atividade docente. Outra questão importante é como despertar o interesse do aluno; é sabido que ninguém apren-de nada se não estiver motivado para isso. Uma forma de conseguir motivar o estudante é mostrar a relevância do assunto a ser ensinado. O aluno precisa saber a razão de ter que aprender cada tópico objeto de aula; os encadeamentos de assuntos precisam ser apresentados, para que ele perceba de onde parte e qual é o alvo final. Outro ponto importante para a aprendizagem do aluno é a aplicação da avaliação formativa – avaliação realizada durante o processo de ensino, garantidora da assimilação por parte dos alunos. Não se confirmando a aprendizagem, há a reformulação da atividade de ensino até que o estudante domine o assunto tratado.

Atenção contínua do professor é exigida no planejamento e na realização da aula. O fato de uma abordagem ter dado certo para uma turma não significa que dará para outra. As condições precisariam ser exatamente as mesmas, o que é difícil de acontecer. Ainda que a turma fosse composta dos mesmos alunos, não se poderia garantir que funcionaria da mesma forma. Por quê? Ora, a Filosofia nos assegura que o tempo transcorrido faz com que dado aluno da primeira experiência não seja mais o mesmo: durante este tempo, ele adquiriu experiências, vivências, conhecimentos, que o levam a tornar-se uma pessoa algo diferente do que era. Essa é a razão por que o professor precisa reunir a maior quantidade possível de informações para o planejamento (informações a respeito dos estudantes e da disciplina a ser ministrada, objetivos a serem alcançados, recursos disponíveis) e durante a realização da aula ficar atento para fazer ajustes (se necessário).

O docente preparado tem consciência das dificuldades inerentes ao seu ofício. Ele sabe que, aliando o domínio completo do conteúdo que vai ensinar com os recursos necessários de infraestrutura oferecidos pela administração e com a aplicação de técnicas e métodos que a didática oferece, é possível alcançar o objetivo de seu trabalho: a aprendizagem dos conteúdos ministrados pelos estudantes. O período de convivência entre professor e estudantes pode tornar-se agradável, estimulante e profícuo para todos. Para o professor, isto pode dar-se pela satisfação que o alcance dos objetivos propostos do seu trabalho oferece e também pela própria convivência em si com os estudantes; para eles isto pode dar-se por meio da aquisição ou do aprimoramento de habilidades e competências e pelo reconhecimento de que efetivamente aprenderam o que foi ensinado.

Para realçar adequadamente a importância do planejamento, é conveniente situá-lo dentro da organização. A organização aqui referida pode ser uma escola, uma universidade, uma empresa comercial. O administrador cuida de uma organização, no seu todo ou em parte dela. Por meio de recursos como conhecimento, pessoas que atuam nela, dinheiro, tecnologia, informação, as organizações realizam tarefas – seus fins – contando com o trabalho coletivo de seu pessoal (Chiavenato, 1999).

Chiavenato (1999) define organização como uma entidade social composta de pessoas que trabalham juntas, de maneira articulada, organizada em uma divisão de trabalho, para atingir a missão organizacional.

São reconhecidos três níveis organizacionais, qualquer que seja o tamanho da organização: 1) nível estratégico, institucional; 2) nível intermediário, gerencial, tático; 3) nível operacional. O papel do administrador (gerente ou gestor) é diferente em cada um destes níveis (Chiavenato, 1999).

Nível estratégico, institucional

É o nível mais elevado da organização. Se a organização é uma universidade, este nível é constituído pelo reitor, vice-reitor, pró-reitores. Grandes organizações, como as universidades, contam com Conselhos (Conselho de Administração, Conselho de Ensino e Pesquisa), que determinam o que o reitor e os diretores dos institutos devem fazer. É responsável pela definição do futuro da organização como um todo.

Nível intermediário, gerencial, tático

É o nível que faz a articulação entre o nível estratégico e o nível operacional. É ocupado pelos gerentes. Interpreta a missão e os objetivos fundamentais da organização, traduzindo-os em ações cotidianas para o nível operacional. Neste nível, são definidas as táticas que colocarão em execução as estratégias estabelecidas pelo nível institucional.

Nível operacional

É o nível mais baixo da organização. É a base inferior do seu organograma. É o nível encarregado de executar as tarefas cotidianas da organização. Nesse nível, o administrador deve possuir visão operacional – ele faz a supervisão de primeira linha da organização –, pois tem contato com a execução ou a operação das tarefas e atividades rotineiras da organização.

Portanto, uma organização funciona com integração das ações, buscando-se evitar duplicidade de processos, como forma de racionalizar a utilização dos recursos institucionais.

É natural que o planejamento estratégico seja realizado (e aprovado) pela alta administração da organização. As demais instâncias se encarregam de concretizar o plano estratégico. Este plano estabelece o desenvolvimento pretendido pela organização para um horizonte de 5 a 10 anos. Todo o pessoal da organização, em todas as instâncias, deve ser mobilizado para sua realização.

Por que isto é posto aqui? Ora, os planos elaborados nas instâncias inferiores devem estar sintonizados com o plano estratégico da instituição. Quer dizer: devem contemplar a mobilização de esforços para atingir as metas nele contidas. Ao fazer planejamento de curso, de unidade, de aula, não se pode ignorar o que dispõe, não só a missão, como a visão de futuro institucional.

E para que os planos tenham consequência, ou seja, que eles sejam realizados, as instâncias superiores acompanham e controlam as metas estabelecidas para os níveis inferiores, até chegar à ponta – em cada curso, em cada unidade temática, em cada disciplina ministrada na instituição.

A perspectiva gerencial adotada aqui é a contemplada nos documentos do *Project Management Institute* (Instituto de Gestão de Projetos) – PMI, com os ajustes cabíveis para a área de educação.

O ciclo do trabalho docente é constituído das seguintes etapas: Diagnóstico, Planejamento, Administração do Ensino, Acompanhamento e Controle e Finalização. A seguir, a etapa de planejamento é aprofundada, com a complementação de informações que mostrem como os diferentes planos elaborados no âmbito de uma instituição de ensino se conectam e se integram, até chegar ao plano de atividades desenvolvido pelo professor.

Processo de planejamento

O planejamento é o processo para determinar um conjunto de procedimentos, de ações, com o propósito de realizar algo complexo. O planejamento tem como resultado um plano elaborado.

O processo de planejamento envolve as seguintes tarefas: delimitação do escopo do plano, definição das ações necessárias para concretizar o que consta do escopo definido, estimativa de recursos necessários; definição da sequência de atividades a serem executadas, estimativa de duração dessas atividades (Heldman, 2006).

Considerando que o plano foi finalizado, e aprovado, inicia a sua execução. Concluída a execução, faz-se avaliação se os objetivos propostos foram atingidos (ou seja, ocorre a avaliação se o escopo foi realizado integralmente).

Por exemplo, no planejamento de ensino de um dado tópico do programa de sua disciplina, o professor delimita o escopo do tópico a ser ensinado (isto significa que ele determina a abrangência do tópico), ele define as ações necessárias para abordar o tópico, ele estima o tempo necessário de cada ação e o recurso a ser utilizado para executá-la. Quando o ensino do tópico for concluído, ele define como avaliará se houve aprendizagem efetivamente. Esta avaliação é chamada formativa ou processual.

Durante a execução do plano, o gerente avalia continuamente os resultados de cada etapa; e fica atento a possíveis necessidades de mudanças.

O processo de monitoramento e controle ocorre durante a execução do plano, e seu objetivo é identificar discrepâncias entre o que é executado e o planejado, procurando-se fazer os ajustes necessários. Envolve: análise dos dados de desempenho e tomada de decisão de medidas preventivas ou corretivas necessárias; monitoramento dos riscos do plano (Heldman, 2006).

O processo de encerramento consiste em reunir todos os registros do plano em execução, verificar se estão atualizados. Os registros devem refletir com exatidão os resultados concretos do plano. São elementos necessários para fazer o encerramento de um plano os seguintes: plano de ensino, documentos de desempenho produzidos, artefatos entregues.

Um documento produzido no momento do fechamento de um plano é o que registra as lições aprendidas – é um diário que relata a experiência do gerente do plano, da equipe e demais envolvidos. O objetivo é que outros gerentes aprendam com sua experiência (técnicas e métodos que foram experimentados, decisões tomadas, práticas que devem ser mantidas ou abolidas em planos futuros). Este relatório é também chamado de *post-mortem*. A prática deste processo no ambiente empresarial é comum, mas é fato raro em instituições de ensino a troca de experiências entre professores, seja de uma faculdade ou de um instituto.

GESTÃO DA QUALIDADE NA EDUCAÇÃO[9]

Esta questão é relevante, em especial na área de Educação. Recorramos a Houaiss & Villar (2009, p. 1584) atrás do significado do termo "qualidade":

> – Propriedade que determina a essência ou a natureza de um ser ou coisa; (I)
> – Característica superior ou atributo distintivo positivo que faz alguém ou algo sobressair em relação a outros (II).

A primeira definição destaca uma propriedade particular de um ser ou uma coisa que determina sua essência; a segunda definição ressalta a qualidade como uma característica superior que faz com que algo ou alguém sobressaia em relação a outros. Com a intenção de aplicar o termo à gestão de ensino, entende-se que cabe ao gerente estabelecer no escopo do plano de ensino a qualidade requerida aos seus resultados. E mais: quanto mais qualidade é exigida, mais recursos o projeto vai requerer. O processo de gestão da qualidade visa, então, garantir que o que for realizado satisfaça as exigências estabelecidas no escopo quanto aos resultados esperados pela instituição.

Presente na indústria há muito tempo, a questão da qualidade na educação ganha cada vez mais força. A frase de Deming posta como epígrafe deste Capítulo sintetiza a preocupação com a gestão, e com tudo o que decorre dela – medição (avaliação), definição precisa dos processos envolvidos, busca da melhoria contínua:

> *"Não se gerencia o que não se mede, não se mede o que não se define, não se define o que não se entende, não há sucesso no que não se gerencia".*

---

[9] O texto extraído (e adaptado) de meus livros de Didática: "Elementos de Didática da Computação", "Elementos de Didática da Matemática", "Elementos de Didática da Física", "Elementos de Didática das Ciências Naturais", "Elementos de Didática das Engenharias" e "Elementos de Didática da Química", lançados em 2018.

William Edwards Deming (estatístico americano, professor, 1900-1993)

A instituição de ensino precisa ter seus instrumentos próprios de avaliação para descobrir mais cedo suas deficiências, e saná-las rapidamente como ação prioritária. O sistema de avalição da universidade precisa ir do nível institucional até o nível operacional: ou seja, desde o reitor e os pró-reitores, até chegar ao professor e aos alunos, não como atividade opcional, mas como compromisso com a qualidade.

Por essa razão, as técnicas gerenciais associadas ao planejamento e à avaliação precisam ser empregadas como rotina. A seguir, a técnica para análise ambiental é descrita.

ANÁLISE SWOT[10]

Em razão da importância de se fazer análise ambiental centrada em quatro aspectos relevantes, é descrita abaixo a chamada Análise SWOT, útil para gestores de educação e professores.

O acrônimo SWOT provém das seguintes palavras do inglês: *Strengths* (forças), *Weaknesses* (fraquezas), *Opportunities* (oportunidades) e *Threats* (ameaças).

Análise SWOT é o processo de examinar uma organização ou mesmo um projeto pelo ponto de vista de cada uma das quatro características do acrônimo.

É a técnica básica para fazer análise ambiental. Esta análise é parte do processo de elaboração do Plano Estratégico de uma organização. Com a identificação das forças (S), das fraquezas (W), das oportunidades (O) e das ameaças (T) tem-se um levantamento

---

[10] O texto extraído (e adaptado) de meus livros de Didática: "Elementos de Didática da Computação", "Elementos de Didática da Matemática", "Elementos de Didática da Física", "Elementos de Didática das Ciências Naturais", "Elementos de Didática das Engenharias" e "Elementos de Didática da Química", lançados em 2018.

da realidade organizacional, que culminará, no seguimento da metodologia de elaboração do Plano Estratégico, nas estratégias que a organização implementará em dado horizonte de tempo que tenha estabelecido (Heldman, 2006; Pagnoncelli & Vasconcellos Filho,1992).

Exemplo: Análise SWOT em um Projeto de Implantação de uma Tecnologia

A seguir os quatro elementos da análise:

Forças (*Strengths*): a tecnologia já foi implantada em outras empresas neste setor.

Fraquezas (*Weaknesses*): nunca implantamos esta tecnologia.

Oportunidades (*Opportunities*): a nova tecnologia permitirá reduzir o tempo do ciclo de lançamento de novos produtos no mercado. Oportunidades são condições ou eventos não explorados de que uma organização pode passar a valer-se, que lhe permitam diferenciar-se dos concorrentes, ganhando com isso competitividade.

Ameaças (*Threats*): o tempo para concluir o treinamento e a simulação da implantação da tecnologia pode sobrepor-se à atualização tecnológica; novas versões da tecnologia ou mesmo novas tecnologias podem ser lançadas antes da implantação (Heldman, 2006).

Na sequência é apresentada uma aplicação sucinta da análise SWOT para embasar (com a análise ambiental pertinente) a elaboração de um Plano Estratégico para uma escola de ensino fundamental. As etapas do processo de planejamento estratégico são listadas em sequência, de acordo com Pagnoncelli & Vasconcellos Filho (1992).

ETAPAS DO PLANEJAMENTO ESTRATÉGICO[11]

1) Negócio (Área de atuação): âmbito de atuação da Empresa/Organização. No caso da escola: "Educação Fundamental".

2) Missão: papel desempenhado pela empresa/organização no seu Negócio/Área de atuação. A missão é a razão de ser da organização.

Exemplo de missão: "Formar cidadãos críticos, conscientes de valores éticos, para a construção de uma sociedade democrática".

3) Princípios: balizamentos para o processo decisório e o comportamento da empresa/organização no cumprimento de sua Missão.

Exemplos de Princípios para a escola: Lei nº 9.394, de 20/12/1996, que estabelece as LDB; Gestão democrática e participativa; Empreendedorismo; Responsabilidade Socioambiental; Inovação tecnológica.

Análise Ambiental

4) Oportunidades: situações externas, atuais ou futuras que, se adequadamente aproveitadas pela empresa/organização, podem influenciá-la positivamente.

Exemplos de oportunidades: Projeto Criança Esperança; Amigos da Escola; Editais do MEC, SEDUC e Secretaria Municipal de Educação.

5) Ameaças: situações externas, atuais ou futuras que, se não eliminadas, minimizadas ou evitadas pela organização, podem afetá-la negativamente.

---

[11] O texto extraído (e adaptado) de meus livros de Didática: "Elementos de Didática da Computação", "Elementos de Didática da Matemática", "Elementos de Didática da Física", "Elementos de Didática das Ciências Naturais", "Elementos de Didática das Engenharias" e "Elementos de Didática da Química", lançados em 2018.

Exemplos de ameaças: Drogas ou violência no entorno da escola; trabalho infantil.

6) Forças: características da empresa/organização, tangíveis ou não, que podem influenciar positivamente seu desempenho. Exemplos de forças: a) Corpo docente comprometido com a missão da escola; b) Programa de educação continuada regular.

7) Fraquezas: características da empresa/organização, tangíveis ou não, que influenciam negativamente seu desempenho.

Exemplos de fraquezas: a) Biblioteca desatualizada; b) Corpo docente descomprometido com a escola; c) Índice da escola na Provinha Brasil (2º ano do EF) e na Prova Brasil (5º e 9º ano do EF) encontra-se 10% abaixo da média nacional.

Objetivos decorrentes da Análise Ambiental

8) Objetivos: resultados quantitativos e/ou qualitativos que a empresa/organização precisa alcançar, em prazo determinado, para dar resposta adequada aos quatro elementos listados (SWOT), para cumprir sua Missão.

Exemplos de objetivos: a) Elaborar projeto para atualizar a biblioteca da escola [este objetivo está associado à fraqueza a acima]; b) Incrementar em 10% o índice da escola na Provinha Brasil (2º ano do EF) e na Prova Brasil (5º e 9º ano do EF) na próxima avaliação e, na imediatamente seguinte, melhorar o índice para alcançar 10% acima da média nacional [este objetivo está associado à Fraqueza c acima]; c) Criar programa para manter comprometimento dos docentes com a melhoria geral dos índices de desempenho da escola [este objetivo está associado à Força a acima].

Estratégias decorrentes dos objetivos

Estratégias: o que a empresa/organização decide fazer, considerando a análise ambiental, para atingir os Objetivos, com respeito a seus Princípios, visando cumprir a Missão do Negócio.

Exemplos de estratégias: Curto prazo – Projeto de Atualização Bibliográfica, a ser submetido à Secretaria Municipal de Educação, ao Programa Amigos da Escola, etc. [esta estratégia está associado ao Objetivo a acima].

Curto prazo – Programa Provinha Brasil e Programa Prova Brasil, constituído de várias ações, como palestras semanais, avaliações periódicas e aulas de reforço para assuntos determinados. [esta estratégia está associado ao Objetivo b acima].

COMPONENTES BÁSICOS DO PLANO DE ENSINO[12]

São cinco os componentes básicos do planejamento de ensino (Piletti, 2000): 1) objetivos; 2) conteúdo; 3) procedimentos de ensino; 4) recursos de ensino; 5) avaliação de aprendizagem.

Durante o processo de planejamento, estes componentes são definidos ou identificados. Durante a execução do plano de ensino, eles contribuem para que as atividades de ensino ocorram; e, na medida em que ocorram plenamente, fazem com que haja a interiorização dos conteúdos por parte dos estudantes, ou que eles desenvolvam ou aprimorem as habilidades pretendidas.

a) Objetivos

São as descrições claras do que se pretende alcançar como resultado da atividade docente.

"Os *objetivos educacionais* são as metas e os valores mais amplos que a escola procura atingir" (Piletti, 2000, p. 65). Por exemplo, os Parâmetros Curriculares Nacionais (PCNs) indicam como objetivos do ensino fundamental, dentre vários outros, que os estudantes

---

[12]O texto extraído (e adaptado) de meus livros de Didática: "Elementos de Didática da Computação", "Elementos de Didática da Matemática", "Elementos de Didática da Física", "Elementos de Didática das Ciências Naturais", "Elementos de Didática das Engenharias" e "Elementos de Didática da Química", lançados em 2018.

compreendam a cidadania como participação social e política, assim como exercício de direitos e deveres políticos, civis e sociais.

"Os *objetivos instrucionais* são proposições mais específicas referentes às mudanças comportamentais esperadas para um determinado grupo-classe" (Piletti, 2000, p. 65). Para citar um exemplo extraído dos PCNs: um objetivo instrucional de Ciências Naturais para o primeiro ciclo é que os estudantes ganhem progressivamente a capacidade de "comunicar de modo oral, escrito e por meio de desenhos, perguntas, suposições, dados e conclusões, respeitando as diferentes opiniões e utilizando as informações obtidas para justificar suas ideias" (Brasil, 2000, p. 64).

Piletti (2000) adverte que se deve ficar atento para manter a coerência entre os objetivos estabelecidos pela instituição: os objetivos instrucionais devem manter coerência com os objetivos gerais das áreas de estudo e, por sua vez, devem manter coerência com os objetivos educacionais do plano do currículo.

b) Conteúdo

É tratada aqui a organização do conhecimento em si abordado nos cursos de graduação em matemática, que leva em conta suas próprias regras, suas próprias especificidades.

Para os cursos de graduação, por meio das Diretrizes Curriculares específicas para cada curso (Curso de Bacharelado em Matemática e Curso de Licenciatura em Matemática), o MEC estabelece o perfil dos formandos, as competências e as habilidades que cada curso, por meio de sua estrutura, precisa garantir que os formandos ao final tenham desenvolvido; os conteúdos curriculares de cada curso são também estabelecidos pelas Diretrizes.

Outra possível fonte de definição de conteúdo é a Sociedade Brasileira de Matemática (SBM). É uma entidade civil, de caráter cultural e sem fins lucrativos, fundada em 1969, e tem como objetivo congregar os matemáticos e os professores de Matemática do Brasil.

Dentre outros objetivos listados no sítio da SBM[13], destacamos: estimular a pesquisa de alto nível em Matemática e assegurar sua divulgação por meio de publicações próprias; estimular a melhoria do ensino de Matemática em todos os níveis; promover a divulgação de conhecimentos de Matemática.

Da mesma forma, para a realização do Exame Nacional de Desempenho (Enade), o INEP edita resolução com o conteúdo a ser utilizado na avaliação.

Piletti (2000) aponta outros cuidados que devem ser observados na seleção dos conteúdos a serem ministrados:

– Deve existir relação do conteúdo com os objetivos definidos, que levem à aquisição de habilidades do estudante;

– Bom critério de seleção: escolher conteúdos mais importantes, mais atuais;

– A ordenação do conteúdo deve seguir do mais simples para o mais complexo, do mais concreto para o mais abstrato. Este aspecto exige do docente domínio epistemológico do conteúdo em questão, que lhe permita ordenar os assuntos da maneira que se torne a mais compreensível, simples, acessível possível, para o nível de estudo de seus discentes.

c) Procedimentos de ensino

Turra (1982) *apud* Piletti (2000, p. 67) define procedimentos de ensino como "ações, processos ou comportamentos planejados pelo professor para colocar o aluno em contato direto com coisas, fatos ou fenômenos que lhes possibilitem modificar sua conduta, em função dos objetivos previstos".

---

[13] www.sbm.org.br

As técnicas de ensino são abordagens particulares que conduzem e facilitam a concretização da aprendizagem por parte dos estudantes.

Piletti (2000) sugere que os procedimentos de ensino selecionados pelo professor apresentem as seguintes características:

– sejam diversificados;

– sejam coerentes com os objetivos propostos e com a aprendizagem requerida nos objetivos;

– adequem-se às necessidades dos estudantes para os quais serão aplicados;

– sirvam de estímulo ao envolvimento do estudante em novas descobertas;

– constituam desafios para os estudantes, que os motivem e os instiguem na realização da atividade.

Nada pior do que uma atividade enfadonha, repetitiva, desestimulante, que não constitua um desafio para o discente.

d) Recursos de ensino

São os componentes do ambiente de aprendizagem. São eles: recursos humanos e recursos materiais. Recursos humanos: professor, discentes, orientadores educacionais, atendentes, tutores, etc. Recursos materiais: sala, quadro branco, projetor, quadro de avisos, biblioteca, livros, laboratórios (Piletti, 2000).

e) Avaliação de aprendizagem

É o processo de determinação de quais objetivos foram alcançados e em que medida isto ocorreu. Dada a importância do assunto para a atividade docente, é parte importante do processo de ensino adotado pelo professor e tem impactos no resultado do seu trabalho, como também tem implicações sobre os discentes – pois pode haver aprendizagem ou não. Dependendo do resultado obtido, pode determinar, até, que o trabalho seja refeito.

TIPOS DE PLANEJAMENTO DE ENSINO[14]

Pode-se fazer planejamento de ensino em cinco níveis, dependendo do grau de especificidade desejado:

– Planejamento institucional;
– Planejamento do instituto;
– Planejamento da faculdade;
– Planejamento de curso;
– Planejamento de unidade;
– Planejamento de aula.

O objetivo aqui é tratar mais detalhadamente a respeito da elaboração de planos de aula: é o plano que cabe ao professor elaborar para a disciplina que vai ministrar.

No entanto, deve-se levar em conta neste planejamento de aulas, sistemicamente, o que está disposto no plano de unidade (se houver unidade que englobe várias disciplinas, e esta for uma delas), como também o plano de curso (do qual faz parte a disciplina em questão), e ainda o plano da faculdade, o plano do instituto e o plano institucional. A ideia principal é expressar que, ao elaborar o plano de aulas de sua disciplina, o professor leve em consideração o que os planos em nível superior contemplam, para haver racionalização de recursos e comprometimento dos escalões inferiores com os planos institucionais. De outra forma, não há como estes planos serem concretizados se as instâncias inferiores os ignorarem.

---

[14] O texto extraído (e adaptado) de meus livros de Didática: "Elementos de Didática da Computação", "Elementos de Didática da Matemática", "Elementos de Didática da Física", "Elementos de Didática das Ciências Naturais", "Elementos de Didática das Engenharias" e "Elementos de Didática da Química", lançados em 2018.

O planejamento institucional é o que é feito no nível mais alto da instituição. No caso de uma universidade, é o que é realizado pela alta administração da instituição, contando com a participação de reitor, vice-reitor, pró-reitores, diretores de institutos e de núcleos. É chamado de planejamento estratégico, e leva à elaboração do plano de desenvolvimento institucional, com horizonte de realização das estratégias para 5, 10 ou 15 anos.

O planejamento de instituto, por óbvio, tem como escopo dado instituto, levando em consideração o que se encontra disposto no plano estratégico da instituição, como também os planos setoriais (ou seja, os planos de cada faculdade pertencente ao instituto).

Da mesma forma, o planejamento da faculdade abrange seus programas e cursos, respeitando-se o que está disposto no plano estratégico do instituto a que pertence.

O plano de curso contempla o conjunto de conhecimentos que serão abordados, a forma como isto vai ser concretizado, o conjunto de atitudes, habilidades, competências que serão desenvolvidas por uma turma de estudantes, durante a realização do curso.

Havendo boa articulação entre os professores de um dado período ou bloco (em que é realizado um grupo de disciplinas), os objetivos do período serão alcançados. Na medida em que este esforço seja realizado também nos demais blocos, e, considerando que pontuais problemas de falhas de aprendizagens sejam solucionados, torna possível o alcance dos objetivos do curso.

O plano de unidade se desdobra em um ou vários planos de aula, dependendo da sua abrangência. Uma dada unidade do programa da disciplina, dependendo dos objetivos estabelecidos, pode ser prevista para concretização em uma ou mais aulas.

O plano de aula contém o detalhamento do conteúdo a ser abordado em uma aula específica: isto pode ser feito para uma hora-aula, para duas ou mais horas-aula, previstas para uma determinada data. O plano de aula deve prever a estratégia que será empregada pelo professor para garantir a aprendizagem do conteúdo constante do objetivo da aula pela turma (avaliável por meio de instrumento que faz parte do plano).

O plano de curso diz respeito à previsão de dado conjunto de conhecimentos e habilidades esperadas que os participantes de uma turma de alunos apresentem no fim de todas as atividades previstas (incluindo disciplinas, estágios, atividades complementares). Em se tratando de curso de graduação, o MEC disponibiliza as diretrizes curriculares respectivas; também as associações que congregam os pesquisadores da área publicam currículos de referência, que servem de balizadores para a proposta específica elaborada em uma instituição de ensino. Por exemplo, é o caso do currículo de referência da Sociedade Brasileira de Computação. A Sociedade Brasileira de Matemática pode atuar de forma semelhante em relação aos cursos de graduação de Matemática (Bacharelado e Licenciatura). Não se pode esquecer que os formandos dos cursos de graduação se submetem ao Exame Nacional de Desempenho (Enade), em que são cobradas exatamente as competências constantes das diretrizes curriculares. Já os cursos de pós-graduação são normatizados por meio de resoluções específicas, dependendo do nível (atualização [mínimo de 180 horas], especialização [mínimo de 360 horas], mestrado e doutorado), em que é definida a carga horária mínima exigida e a natureza das atividades previstas para o curso.

Os cursos de atualização e especialização são chamados lato-sensu, com a expedição de certificados para os alunos formados; os cursos de mestrado e doutorado são chamados stricto-sensu, com expedição de diploma de mestre para quem tenha concluído com aprovação todas as atividades previstas e tendo sido aprovada sua dissertação de mestrado ou sua tese de doutorado, respectivamente.

O acréscimo salarial de portador de certificado de atualização é de 5%; o portador de certificado de especialização é de 10%.

Oportunidade de estudo: as principais universidades do mundo oferecem cursos gratuitos, online. A Universidade Harvard oferece mais de 150 cursos gratuitos em inglês, de áreas (dentre outras) como Ciência da Computação, Engenharia e Gestão de Negócios. A inscrição garante acesso ao material do curso, incluindo atividades, provas e fóruns de discussão, sem certificado. A versão certificada é cobrada em dólar.

Como exemplo no Brasil, dentre outros, a Unicamp oferece curso de Cálculo I, Cálculo II e Cálculo II. A USP oferece mais de 25 cursos; dentre outros, os seguintes: Escrita Científica, Física Básica, Gestão da Inovação, Gestão de Projetos. O Senai oferece cursos como Lógica de Programação e Empreendedorismo, dentre outros. A Fundação Getúlio Vargas oferece, dentre outros, cursos de Gestão de Projetos e Gestão Socioambiental.

No ensino superior, os cursos apresentam diretrizes curriculares específicas que estabelecem a distribuição da carga horária total do curso, carga horária (teórica, prática), com as matérias exigidas na grade curricular, conjunto de habilidades e competências que precisam ser desenvolvidas. Nada obsta que propostas de cursos novos sejam feitas, para os quais não exista ainda diretriz curricular.

Já na pós-graduação, há mais chance de elaboração de proposta de cursos, seja de pós-graduação lato sensu (especialização), e pós-graduação stricto sensu (mestrado e doutorado). Em ambos os casos, há resoluções do MEC específicas determinando como deve ser a elaboração de tais cursos.

PLANEJAMENTO DE AULA[15]

É a previsão do que será realizado em um dado dia letivo. Dependendo da programação da disciplina em cursos superiores, isto normalmente pode envolver 1 hora-aula, 2 horas-aula (cada hora-aula tem 50 min), 3 horas-aula e 4 horas-aula; em cursos ministrados em períodos intervalares, podem ser programadas até 8 horas-aula no dia (dois turnos).

Para cada aula prevista, o professor identifica objetivo, conteúdo abordado, prática de ensino empregada, recursos previstos, procedimento para avaliar se o objetivo foi alcançado. Os recursos previstos para realização da aula podem incluir: sala especial, laboratório, conjunto computador e projetor, material didático de apoio, e outros.

Pilettti (2000, p. 74) utiliza o esquema para plano de aula mostrado no Quadro 1, em que é informado o tema central da aula, os objetivos, o conteúdo a ser ministrado, a prática de ensino a ser utilizada, os recursos previstos e os procedimentos de avaliação (que visam confirmar se os objetivos de aprendizagem foram alcançados com a aula).

---

[15] O texto extraído (e adaptado) de meus livros de Didática: "Elementos de Didática da Computação", "Elementos de Didática da Matemática", "Elementos de Didática da Física", "Elementos de Didática das Ciências Naturais", "Elementos de Didática das Engenharias" e "Elementos de Didática da Química", lançados em 2018.

Quadro 1. Esquema para plano de aula.

Tema central:		
Objetivos:		
Conteúdo:		
Prática de ensino	Recursos necessários	Procedimentos de avaliação

A seguir são apresentados dois planos de aula, a título de ilustração. Uma informação que pode ser incluída no esquema de Piletti (2000) é a bibliografia utilizada na preparação da aula. Este acréscimo não foi feito nos exemplos de planos de aula mostrados a seguir porque, na nossa abordagem de trabalho, a bibliografia utilizada já é listada no material didático da disciplina respectiva, que é enviado no primeiro dia de aula para os estudantes no formato pdf.

Quadro 2. Exemplo de plano de aula 1.

Disciplina: Matemática (4º e 5º ano – Ensino Fundamental)
Data: dd/mm/aaaa; Sala: MR s. 401

Tema central: O uso das moedas e os decimais.

Objetivos: Mostrar a composição de números decimais.

Conteúdo: Compor valores monetários utilizando moedas; registrar expressões equivalentes na composição de valores monetários utilizando moedas; analisar informações contidas em notação decimal.

Prática de ensino	Recursos necessários	Procedimentos de avaliação
Aula Expositiva (2horas-aula) para apresentação dos números decimais: serão desenvolvidas atividades envolvendo a composição e a decomposição de valores utilizando moedas e o registro dessas quantidades. Mobiliza conhecimentos prévios dos alunos sobre a escrita de números decimais. Trabalhando em duplas, e usando as moedas distribuídas em sala, escrever 3 maneiras de compor 3,65 reais. Segue discussão para comparar as possibilidades encontradas. Tarefa individual: registrar 3 maneiras de compor R$ 0,87 e R$ 2,08.	Cópias de moedas feitas com papel cartão para serem distribuídas em classe para cada aluno.	A aula é finalizada com a resolução dos seguintes problemas: 1) Quantas moedas de R$ 0,10 são necessárias para compor os seguintes valores: a) R$ 1; b) R$ 0,80; c) R$ 2,20; d) R$ 12,50; e) 4,25.

Fonte: Adaptado de BRITO, A. S. *O Uso das Moedas e os Decimais. In*: "Nova Escola" edição especial no. 35 Planos de Aula 2 – Matemática. Janeiro/2011; p. 42-43.

Quadro 3. Exemplo de plano de aula 2.

Disciplina: Matemática (4° e 5° anos do Ensino Fundamental).
Data: dd/mm/aaaa; Sala: MR s. 401

Tema central: Combinatória.
Objetivos: Criar um contexto significativo para construção de estratégias eficientes para resolver problemas de combinatória e refletir sobre as estratégias mais econômicas e adaptadas a cada problema apresentado.
Conteúdo: Campo multiplicativo; ideia de combinatória.

Prática de ensino	Recursos necessários	Procedimentos de avaliação
Aula Expositiva – 2 horas-aula. O seguinte problema é apresentado: "A mãe de Luís comprou 3 tipos de pães no supermercado: de forma, bisnaguinha e pão integral. E levou para casa também 3 tipos de frios para fazer sanduíches: salame, presunto e mortadela. Quantos tipos diferentes de lanche é possível que ela faça para Luís, juntando um tipo de pão e um tipo de recheio?". Fazer uma tabulação, indicando as formas de resolução apresentadas pelos alunos e a quantidade de alunos que optaram por esta ou aquela. Apresentar o problema 2 para a turma; repetir o procedimento. Apresentar o problema 3: "Numa viagem, Artur levou 4 calças e 5 camisas na mala. De quantas formas diferentes ele consegue se vestir combinando essas peças de roupa?". Repetir o procedimento.	Papel e lápis. .	Exercício: "Quantos números diferentes é possível formar com os algarismos 6, 7, 8 e 9, pensando que cada algarismo deve aparecer uma única vez?". Ao fim da resolução, os alunos são chamados a compartilhar suas impressões, discutindo as formas de resolução mais eficientes e rápidas.

Fonte: Adaptado de ALONÇO, A. F. *Plano de Aula: Combinatória. In*: "Nova Escola" edição especial no. 35 Planos de Aula 2 – Matemática. Janeiro/2011; p. 46-47.

GESTÃO DE CARREIRA: DESLEIXO E AUTOBOICOTE

Colega professor pede licença de sua instituição de ensino superior (IES) instalada em um dos municípios do Pará para fazer mestrado em Belém, na UFPA. É autorizado. Faz o curso. Porém, o período de licença é encerrado sem que a defesa da dissertação fosse realizada. Ele teve que reassumir sua função na instituição de origem sem a defesa.

Enfrentando dificuldades pelo acúmulo de aulas com a finalização da dissertação, mesmo assim a concluiu. A defesa do mestrado foi marcada em Belém. Fez a defesa, mas a ata emitida no fim da sessão apontava que havia ajustes a fazer no texto aprovado.

Sem dar atenção para o fechamento necessário para fazer jus ao título de mestre, ele conseguiu inscrever-se logo em seguida em doutorado fora do estado. Por essa época amarga o peso de separação da mulher depois de bom tempo de união. Conseguiu nova liberação da instituição, já incorporando a gratificação do mestrado na remuneração com a ata da defesa da dissertação que anexou à sua solicitação; a ata apontava concessão do título de mestre, mas a condicionava à entrega de exemplar do texto com os ajustes pedidos pela banca examinadora.

Enquanto ele fazia os créditos do doutorado na IES fora do estado, a coordenação do curso de mestrado passou a cobrar-lhe a entrega do texto final, com os ajustes pedidos pela banca. Por falha de comunicação, ou por desleixo do professor, a solicitação não foi atendida. Por consequência, ficou registrado no colegiado do curso a não concessão do título em decorrência de os requisitos não terem sido cumpridos (no caso, a entrega da dissertação).

Pronta a tese de doutorado para a defesa, a universidade requisita que ele apresente o título de mestre; ele havia apresentado na inscrição do doutorado a ata que lhe havia sido entregue na defesa em Belém. A IES promotora do doutorado exigiu o diploma de mestre para marcar a defesa da tese.

Só então o professor vai atrás de pedir seu diploma. É informado que não fez jus ao título, pois não entregou o texto da dissertação em tempo hábil.

Por esse tempo, já sua própria instituição requeria que ele apresentasse o diploma de mestre, afinal já vinha recebendo a gratificação de mestre há anos, mas com esta pendência documental.

Como ele não atendia a cobrança feita pela pró-reitoria de pessoal, a procuradoria da instituição foi acionada para que o processasse por estelionato.

É possível que alguém se boicote de tal forma, a ponto de criar para si um problema insolúvel e que tem consequências graves (devolução de valores recebidos indevidamente, perda de tempo, processo de exoneração pelo conjunto das ações)?

Para explicar seu comportamento, ele recorreu à separação da mulher como algo que o deixou desorientado a tal ponto que fez com que ele se jogasse nas atividades do doutorado, e deixasse de lado a atenção à finalização do mestrado.

MORAL DA HISTÓRIA: Deve-se encerrar em definitivo uma etapa antes de começar a próxima; se foi possível dar o passo seguinte com algo por fazer para fechar o anterior, ficar atento e desdobrar-se até finalizar para, assim, poder concentrar-se na etapa em andamento com toda a força possível.

A NECESSÁRIA GESTÃO DO CONHECIMENTO

Os jornais de hoje (19/11/2018) dão conta que a Prefeitura de São Paulo não encontrou o projeto original do viaduto que cedeu na madrugada da quinta (15/11), e teve que recorrer à viúva do engenheiro encarregado pelo trabalho para obter informações. Este viaduto passa sobre os trilhos de uma linha da CPTM, e é rota de acesso à rodovia Castello Branco.

Não surpreende a perda, afinal as organizações não dão valor à gestão do conhecimento, como se não houvesse a chance de o projeto ser revisitado em caso de manutenção.

Participei de projeto para elaboração de manual de contingências em uma grande repartição estadual. Como os projetos utilizados na construção do prédio (hidráulico, elétrico, arquitetônico) não mais existiam, certas informações tiveram que ser obtidas com funcionários aposentados. Ainda bem que os que detinham o conhecimento necessário ainda não o haviam levado para o túmulo.

Quando os gestores se convencerão da importância do conhecimento para a continuidade da organização?

E o programa especial dirigido aos que saem da empresa para deixar explicitado o conhecimento e a vivência que adquiriram no exercício do cargo para auxílio dos que permanecem?

RENOVAÇÃO DE IDEIAS

Vendo as homilias de um padre, famoso, a fama advinda de ser cantor, observei que ele se volta às mesmas ideias depois de comentar algo do Evangelho do dia. Aí repassa aquele rol de ideias fixas.

Talvez seja imposição de agenda carregada o que o impede de renovar seu discurso.

Não há como não se pôr a par de novas ideias. Deixar no passado as velhas, ou não recorrer a elas com tanta frequência, que denote limitação de repertório. Para manter-se no cume do sucesso.

NÃO EXISTE ALMOÇO GRÁTIS

Em inglês, o título fica: "There Ain't No Such Thing As A Free Lunch". Usa-se até o acrônimo: "TANSTAAFL".

Agora podemos avaliar o preço pago pelo tempo que passamos na rede, fazendo seja lá o que for, na medida em que avançaram os algoritmos de mineração e quase todos os dados das transações ocorrem na economia digital.

Quem nunca procurou um produto para compra pela rede e, depois, não tendo efetivado a transação, passou a ter aquele mesmo produto mostrado, por qualquer aplicativo que vier a usar, para lembrá-lo de que andou procurando tal coisa? Isto não é um exagero?

Claro, estes modelos de negócios estão indo nos limites, até para ver aonde podem chegar ou aonde deixam que cheguem. Mark Zuckerberg, dono do Facebook, teve que começar a preocupar-se com isto. Afinal, autorregulação também precisa de limites. Ele teve que depor no Congresso americano e do Reino Unido para explicar o vazamento de dados de usuários do Facebook para a empresa britânica de marketing político "Cambridge Analytica", utilizados na campanha pró-Trump e no pró-Brexit (Reino Unido).

Por descuido qualquer, procurei mais informação de um serviço oferecido por um médico no Facebook. Foi o suficiente para ser bombardeado com mensagens para me lembrar de que eu cheguei a olhar um serviço como se tivesse interesse em contratá-lo. Ora, eu nunca quis contratar nada. Foi só imprudência. Fiquei propenso a mandar à China ou a outro lugar mais longe o tal médico. Ainda hoje uma mensagem me cobra a finalização da inscrição no tal serviço. Isto depois de, por algum tempo, insistir em dizer que era minha última chance. Como não há inteligência, parece que o aplicativo não tem medida da inconveniência de insistir, e vai perseverar – até que o potencial cliente perca a linha e o mande às favas.

Almoço grátis?

ATENÇÃO PARA QUEM ESTÁ FORA

Quem atua por muito tempo em uma área (seja científica, seja em um negócio), tem a propensão a achar que a forma como faz o que precisa no seu cotidiano é a única. Afinal, tem dado certo. Há natural acomodação tanto quanto ao processo, quanto à tecnologia utilizada.

Só que quem não atua nesta área não tem estas limitações, e nem se submete a elas.

Já vi isto ocorrer em muitas situações. Alguém que não pertence ao grupo atuante vem de fora nem nenhuma amarra conceitual, processual ou tecnológica, e acaba fazendo melhor.

Na área tecnológica, por não ter compromisso com os padrões estabelecidos, quem não pertence a esta comunidade, tem grande chance de revolucionar, de inovar, por não se ter imposto os limites da convenção posta.

Tenho enveredado neste ano por uns caminhos que não foram os meus nas últimas décadas. Com isto, sempre é possível ser rechaçado com críticas de quem está no batente e se sente dono da praia.

— O que este intruso quer aqui?

— Ora, quero mostrar como vejo as coisas. É diferente de como vocês veem, e de como têm feito... Minha forma pode ser melhor que a de vocês, ou, pelo menos, é mais uma maneira de se fazer isto.

RESILIÊNCIA ESTOMACAL

Tive um colega muito apegado a cargos de direção. O laço de amizade permitia que eu lhe apresentasse minha avaliação: eu dizia que ele tinha "estômago de avestruz" para aceitar tudo o que tinha que tolerar para permanecer no cargo, a despeito de saber que os superiores imediatos, que haviam assumido por eleição, queriam que ele entregasse o cargo para poderem nomear alguém alinhado com a nova administração, mas não queriam retirá-lo arbitrariamente, e faziam tudo para que ele entregasse o cargo. Tratavam-no mal, com desapreço, deixavam-no horas esperando para ser recebido no gabinete, adotavam toda sorte de ação para depreciá-lo, não liberavam recursos para sua área; enfim, dificultavam seu trabalho.

A referência ao estômago do avestruz é pelo fato característico de o suco gástrico da ave ser capaz de dissolver o que vier goela abaixo, mesmo quando é altamente indigesto.

E ele, impávido, se mantinha na função, como se tudo fosse normalíssimo.

Eu não teria semelhante resiliência. Na segunda ocasião em que a administração me destratasse, eu jogaria tudo para o ar.

"ELA NÃO ME PRESTIGIA, SÓ A TI"

Ouvi isto de um colega: ele achava que nossa chefa só valorizava minhas sugestões, as dele não eram consideradas.

Eu retruquei que ela trabalhava comigo há bem mais tempo que com ele; eu não fazia propostas insensatas (não estou querendo dizer que ele as fizesse para ela – só como reforço para a posição que conquistei com o tempo); e mais: não opinava em assuntos sem base em conhecimento, não a contestava sem ter certeza que ela incorria em erro, mesmo aí o fazia com diplomacia, acatando sua posição se fosse contrária à minha, pois sabia que ela podia ter lá suas razões para tal atitude.

Falei-lhe: teu tempo de reconhecimento vai chegar. Não te martiriza com isto. Vais conquistar teu espaço no devido tempo. Faz o melhor que podes, e deixa que o tempo passe.

O HOMEM É O HOMEM E SUAS CONTRADIÇÕES (*)

O mesmo sujeito que, cioso do valor do seu trabalho, repudia com vigor qualquer uso indevido de produtos (software) de sua autoria – leia-se sem pagamento das licenças de uso respectivas – não se peja de utilizar software pirateado, como também de repassar cópias de livros (em formato pdf) para outrem sem que os autores sejam remunerados.

(*) O título parodia José Ortega y Gasset (filósofo espanhol, 1883-1955) que disse: "o homem é o homem e suas circunstâncias". Ao titular a nota, lembrei a frase do filósofo espanhol: as contradições do sujeito de que falo são suas circunstâncias, é claro.

DEMISSÃO POR ABORDAR O CHEFE

Empregado do SBT é demitido por tentar abordar Sílvio Santos. Mais uma esquisitice do apresentador e empresário.

Trabalhei em empresa de construção civil em que um dos sócios também tinha esta prática: nas vistorias a obras, os empregados do canteiro não podiam dirigir-se a ele. Se o fizessem, seriam demitidos. Ele abordava quem quisesse, quando precisasse. Estranhei o comportamento, e lhe pedi que me dissesse a razão. Ele contou vários casos em que os operários se prevaleciam do fato de ele ser atencioso e prestativo.

Registro aqui um dos casos que contou para justificar sua atitude: sua esposa era dona de uma farmácia; ele permitiu que os operários da construtora comprassem medicamentos com o desconto da despesa feito só na próxima folha de pagamento. Depois de algum tempo, observou que as despesas da farmácia levavam quase todo o salário dos operários. Investigou o caso, e descobriu que eles estavam retirando medicamentos para repassar para terceiros como forma de antecipação salarial: recebiam, e ficavam com o dinheiro do vizinho para aviar sua receita. Era uma forma de o operário antecipar seu salário.

Cortou a regalia, e passou a adotar a seguinte postura: cumprir rigorosamente a lei, os contratos, as normas com os operários. Ficar no estritamente legal. Não faria mais concessão alguma, não dava nenhuma regalia para eles. Tinha chegado a essa posição (e a recomendava como a melhor forma de agir com subalternos) para não ter mais dissabores.

O QUE FAZER COM OS LIMÕES DA VIDA

Tenho refletido que alguns dissabores naturais da vida têm-me servido para alcançar o inimaginável, o impensável, o imprevisto. O ditado do senso comum diz para, se a vida nos der um limão, é natural daí fazer uma limonada em vez de simplesmente jogar fora o fruto que a vida nos deu ou que restou de alguma situação. Mesmo não sendo o que era nosso desejo, afinal foi o que ficou. Como ir mais alto a partir deste ponto? Esta é a questão. Depois, é só resolvê-la.

Lembro a história de um colega que encontrou como forma de tratar o baque de um divórcio imprevisto, desarquivando um projeto acalentado há tempo: obter o título de doutor. Com o afinco com que se dedicou à tarefa, foi recompensado duplamente: esqueceu o infortúnio que precisava apagar da mente, e obteve o título em tempo recorde. É o que comentei de ir mais alto depois de ter caído, e ter que se levantar do chão.

Em várias situações encarei os reveses desta maneira. É certo que no início amarguei o dissabor – o gosto não é bom, é acre, com frequência, até acérrimo. Enquanto convivia com ele, me vem a ideia de tomar aquilo como ponto de partida para algo bem maior. E, assim, eu vou em frente, realizando!

Parado, só quando reservo instantes para ver os passarinhos que vêm alimentar-se na sacada de casa, do alvorecer até o pôr do sol.

É MELHOR FICAR CALADO

Quando não se sabe o que fazer, é melhor não fazer nada. Vale o mesmo para o que dizer. Permanecer calado é a melhor posição quando não se tem nada para dizer.

O presidente do STF, Dias Toffoli, em entrevista no dia do segundo turno, disse que o "futuro presidente deve respeitar a Constituição". Ele acrescentou, como grande conselheiro Acácio que é: o vencedor "deve respeitar as instituições, deve respeitar a democracia, o Estado democrático de direito, o poder Judiciário, o Congresso Nacional e o Poder Legislativo".

Preclaro conselheiro, quem disse o contrário? Por que falar o óbvio? Não havia nada mais a dizer?

POR QUE A EDUCAÇÃO É TÃO RUIM

Depois de uma exposição que fiz hoje a respeito da Didática da Física, um aluno me perguntou a razão por que o nível da Educação é tão ruim no Brasil, quando se comparam os resultados obtidos pelos estudantes brasileiros com os de outros países da OCDE. Ele comentou que o Brasil tem feito investimentos comparáveis aos dos países desenvolvidos, mas os resultados continuam sendo semelhantes aos dos países em desenvolvimento (eufemismo usado para designar países com baixos índices de desenvolvimento).

Respondi que há vários fatores responsáveis pelos resultados ruins obtidos pelos estudantes brasileiros quando avaliados. Como toda questão complexa, muitas variáveis precisam ser identificadas e analisadas para se conseguir melhor solução.

Se o recurso aplicado é de mesma ordem ao de países desenvolvidos (em torno de 5% do PIB), então este não é o problema. O recurso é mal aplicado. Há o descaminho, a corrupção, responsável pela perda de parte deste recurso. A meu ver, outra questão relevante para que os resultados sejam tão ruins é a falha na gestão educacional. Sobretudo, quanto à questão da cobrança de resultados, seja de professores, de gestores, de profissionais envolvidos. Os resultados referidos aqui são os índices de aprendizagem dos estudantes medidos pelos exames como o PISA. Não se pode falar em meritocracia na educação brasileira (os sindicatos reagem furiosamente): o que prevalece é a ideia de que qualquer benefício seja estendido a todos os professores; não há aceitação de que sejam beneficiados os mais produtivos, os que comprovadamente apresentem resultados positivos em termos de aprendizagem dos estudantes.

Até algum tempo atrás não se aceitava falar em avaliação de qualidade na educação. Basta lembrar o que ocorreu quando o ministro Paulo Renato Souza (ministro da Educação durante o governo de FHC) criou o Enem, o Sistema de Avaliação da Educação Básica (Saeb) e o "provão", para avaliar cursos de nível superior, hoje chamado de Exame Nacional de Desempenho dos Estudantes (Enade).

Há a questão salarial, em especial na educação básica: os salários baixos desestimulam que os mais capacitados busquem tornar-se professores na educação básica.

Outro aspecto a considerar: acompanhamento das atividades escolares dos filhos pelos pais ou responsáveis, para garantir suporte necessário.

A desigualdade social ainda grande no Brasil faz com que parcelas significativas da sociedade vivam ainda distantes do que seria um nível de vida aceitável, a despeito dos avanços havidos nesta área com a instituição de programas de assistência. Isto tem reflexos na educação dos filhos.

Outra questão relacionada à aplicação dos recursos: grande parte vai para o topo da pirâmide (para o ensino superior), quando deveria ir para a base da pirâmide. Ora, a prioridade certa é a educação básica, e não o ensino superior.

O descumprimento e a descontinuidade das metas estabelecidas. O trabalho com planejamento estratégico, com gestão eficiente e eficaz em todos os níveis da educação, levaria à melhoria dos resultados. Nos estados, nos municípios, nas escolas onde os resultados são altamente positivos, o que há por trás? Gestão educacional efetiva, comprometimento do pessoal envolvido (professores, administradores, orientadores educacionais, pessoal de apoio), engajamento e acompanhamento das atividades escolares pela família dos estudantes.

Aqui a questão é por que se estabelecem prioridades: o recurso existente não dá para tudo; então, elegem-se as áreas mais importantes no momento; estas são as que devem receber maior parte dos recursos disponíveis.

Sintetizando: eliminação da corrupção que degrada as ações do poder público e que subtrai recursos necessários para concretização das medidas planejadas em benefício da sociedade, gestão estratégica para aperfeiçoamento das instituições, gestão educacional efetiva, valorização dos professores e demais profissionais envolvidos na educação, comprometimento de professores com a busca de melhores resultados, envolvimento da família nas ações da escola. A atenção simultânea a este elenco de medidas seria um caminho para conquistar resultados melhores na educação, fazendo com o que o país se aproxime do nível conseguido pelos países desenvolvidos.

AO VER A PLATÉIA, O ESTALO

Fui convidado por um colega para falar para estudantes de pós-graduação a respeito de metodologia científica; tratava-se de evento de lançamento de nova pós-graduação (mestrado profissional). Aceitei com gosto o convite. Eu era responsável por ministrar disciplina acerca do assunto em um dos programas de graduação mantidos pela faculdade.

Quando vi a plateia, porém, eu entendi imediatamente o possível segundo alvo do convite a mim feito: vários professores da própria faculdade.

Claro, a palestra serviria acessoriamente para que alguns destes professores assumissem a disciplina que eu ministrava.

Eu não deixaria de dar a palestra, entregando método e material de trabalho se fosse informado a respeito do segundo objetivo visado, pois sei que o professor, em muitas situações, participa da formação de quem vai concorrer com ele ou substituí-lo. Este era um caso. Vida que segue. É assim.

MORAL DA HISTÓRIA: Na essência, esta é a função do professor. Nem irritado fiquei. Só constatei na hora quando vi a plateia.

MAIS UMA MARCA DO ATRASO

Enquanto a Suíça tem quatro estatais, a Austrália e o Japão têm oito, o Brasil é o país líder entre as 36 nações da Organização para a Cooperação e Desenvolvimento Econômico (OCDE), com 418 estatais. A Hungria, país bem menor em população e desenvolvimento econômico, vem perto, com 370.

Recorrendo à ironia: temos uma boa dianteira, não há risco de algum país ultrapassar o Brasil como o detentor de maior número de estatais. Este é um traço do estágio de desenvolvimento econômico de um país. Já é saber ou conhecimento convencional (basta olhar o ranking da OCDE neste quesito): quanto mais estatais, mais sujeito à instabilidade econômica está o país.

Outros países no ranking: Estados Unidos e Reino Unido têm 16 estatais; a Itália, 20.

Por que os políticos gostam tanto de estatais? Como eles as controlam (designam como gestores seus prepostos, incumbidos de fazer toda sorte de corrupção que beneficie quem fez a indicação), as estatais atendem seus interesses. Os interesses da população, estes são deixados de lado.

O governo Bolsonaro anuncia que mudará a posição do país no ranking: vai atuar fortemente na privatização. Será?

O NEGÓCIO DAS FARMÁCIAS

Para ocupar o espaço de um grupo empresarial que quebrou, vieram logo três ou quatro novos de fora. Lojas novas, outras ampliadas, com estacionamento, uma ao lado da outra. Como isto pode ser tão rentável? Há clientela para tanta farmácia?

Há algo de estranho neste negócio: é certo que o povo automedica-se; o governo não atua com força na prevenção; então há mais doentes, por desinformação. Lembro a respeito pesquisa americana (os americanos com sua mania de fazer pesquisa para tudo) que chegou ao seguinte padrão estatístico: ter curso superior aumenta o tempo de vida de uma pessoa em nove anos. Eu até usava, na brincadeira com os alunos, este argumento para que eles não deixassem de concluir seus cursos e, assim, caberem no molde estatístico que atesta que mais informação significa mais apreço pela vida, pela saúde, pela manutenção da saúde, por mais atenção à prevenção e, consequentemente, isto se reflete no tempo de vida. A ignorância leva ao contrário: menor tempo de vida. Há exceções, claro: casos isolados podem ficar fora do modelo – abaixo ou acima dele.

Andamos pelo mundo e não vemos esta efervescência empresarial no ramo comercial. Aliás, é até raro encontrar uma farmácia na Europa e nos Estados Unidos.

Como explicar isto? Não caberia investigar? Há algo de escuso por trás do negócio? Ou se trata de força do capitalismo, com o acirramento da concorrência como não se vê, por exemplo, no ramo de supermercados em que somos forçados a viver quase sem concorrência?

Quem tiver alguma resposta, compartilhe.

ANTES DA CONCORDATA

Coisa curiosa. É perceptível quando um grupo empresarial sólido começa a desmoronar. Por meio de pequenas ações de seu cotidiano, cliente observador nota que a empresa encaminha-se para a bancarrota.

Sou assinante de uma revista semanal há mais de vinte anos. Já fizeram duas tentativas de me enviar carnês para renovação. Só que não conseguem entregar em tempo que permita o pagamento do primeiro boleto. Há mensagem expressa informando que o preço promocional só é válido se paga a primeira parcela, justo a que vem atrasada de um mês (portanto, já vencida). Mesmo atrasado não poderia ser pago com multa na agência bancária. Nenhuma forma de contato para acesso: nenhum e-mail, SAC inútil, o cliente não pode manifestar-se forma de um protocolo que eles determinaram. Protocolo burro! Acesso telefônico só com 0800 que não aceita ligação de celular. E agora? Não tem que falir uma empresa com esta administração?

O mesmo passei a perceber em um grupo empresarial, com cadeia de supermercados e loja de departamentos. Eu era cliente há mais de dez anos do grupo. Utilizava o cartão de crédito do próprio grupo para compras mensais no supermercado.

Certa vez, pedi à caixa que precisava de uma sacola plástica para reforçar a compra que levava, pois estava sem carro e tinha receio de que se rompesse na longa caminhada. A atendente disse que não poderia dar; havia orientação para usar uma só. Fiquei pasmo com a determinação, afinal eu era cliente de todos os dias.

Naquele momento, vi que não havia outro caminho senão a falência para o grupo de empresas se era assim que passariam a tratar cliente diário e de muitos anos desta forma. Uns seis depois o grupo empresarial pediu concordata, e ainda permanece em recuperação.

LANTERNA NA POPA

Esta nota é para comentar o livro de memórias de Roberto Campos. *"A Lanterna na Popa: Memórias"*. Rio de Janeiro: Topbooks, 1994, 1417p. Momento de voltar a um prazer tido em primeira mão há mais de vinte anos: renovado nestes últimos dias para a redação desta nota. Eu trago o extrato que escrevi a respeito da obra para cá porque as existências profícuas, vividas inteligentemente, plenas de sabedoria, como a de Roberto Campos, enriquecem o repertório do gerente, gira ele o que gerir.

A espessura da obra justifica associá-la a um tijolo: são 1.417 páginas. No caso, me refiro a tijolo de cinco furos, bem grande. Depois da leitura do livro, eu o tenho utilizado como tal: em meu escritório, ele serve de sustentação para uma estante com as obras que estão na fila para serem lidas.

Jamais eu diria sobre o livro de Roberto Campos o que um leitor postou em uma livraria digital com sua impressão a respeito do livro de "Inteligência Artificial" de Russell & Norvig, clássico na área (1.152p), alertando potenciais interessados: a única utilidade é servir como âncora.

Pela obra, tem-se a essência da pessoa, tem-se sua estirpe. É o que se depreende da leitura do livro de Roberto Campos (1917-2001), economista, escritor, professor, diplomata e político brasileiro. Ele criou o BNDE (atual BNDES), o FGTS, o Sistema Financeiro da Habitação.

Grande defensor do liberalismo e da economia de mercado. Foi confidente e interlocutor de grandes líderes do mundo: John F.

Kennedy (ex-presidente dos Estados Unidos), Charles De Gaulle (ex-primeiro-ministro da França), Richard Nixon (ex-presidente dos Estados Unidos), Konrad Adenauer (ex-chanceler da Alemanha), Margaret Thatcher (ex-primeiro-ministro do Reino Unido).

No fim do prefácio de sua obra, Campos escreveu o que pode ser uma síntese do Brasil, com a qual concordo:

– *"Há países naturalmente pobres mas vocacionalmente ricos. Há outros que têm riquezas naturais porém parecem ter vocação de pobreza. Às vezes fico pensando, com melancolia, que talvez estejamos neste último caso. Não nos faltam recursos naturais. Mas sua mobilização exige abandonarmos nossa grave e renitente tradição inflacionária, e um grau maior de abertura internacional. Nossa pobreza não pode ser vista como uma imposição da fatalidade. Parece antes uma pobreza consentida, resultante de mau gerenciamento e negligência na formação do capital humano".*

Roberto Campos distribuiu as mais de 1.400 páginas de seu livro de memórias em vinte capítulos, como listado abaixo com breve comentário:

1) "O analfabeto erudito e suas peripécias". Com este título, ele refere a si e aos episódios que vivenciou logo depois da desistência do seminário, buscando outro rumo para a vida. O analfabeto erudito era por conta de seus estudos seminarísticos não serem reconhecidos oficialmente. "Achava-me assim na situação de erudito informal e analfabeto legal". A carreira religiosa tinha ficado para trás. O ex-seminarista parte para a vida. Ano de 1938. Auge da repressão do governo Vargas.

2) "Washington na II Guerra Mundial".

Campos subdivide o segundo capítulo em nove partes:

a) *O dia da libertação* (em que conta a designação para servir na embaixada em Washington com três colegas de turma do Itamaraty; foi indicado para o setor comercial, apelidado de "secos e molhados" por trabalhar essencialmente com importação e exportação de produtos);

b) *Economista sob protesto* (ele passou das letras clássicas ao estudo de economia à noite, pelas exigências do trabalho no setor de "secos e molhados"; cursou em Washington e em Nova York depois do trabalho diário na embaixada);

c) *As controvérsias de Washington*: Campos afirma que o panorama intelectual, do ponto de vista econômico, era fascinante. Os Estados Unidos saíram de recaída recessiva em 1937/38, para se aproximar de pleno emprego, motivado pelos investimentos bélicos.

Ainda permanecia a controvérsia motivada pela última recessão – quem deveria prevalecer: os gastadores, os fiscalistas e os estruturalistas? Os gastadores advogavam expansão monetária, por meio de obras públicas, assistência social e déficits fiscais para combater a recessão. Este grupo era representado pelo governador do Federal Reserve Board, Mariner Eccles, contrariando comportamento diferente esperado dos Bancos Centrais, que é a restrição de gastos. O secretário do Tesouro, Henry Morgenthau, era o grande fiscalista, defendendo a tese do equilíbrio orçamentário. Os estruturalistas eram representados por Rexford Tugwell, Gardner Means e Adolph Berle, advogavam planejamento econômico, controles e ação antitruste.

d) *Estreia na diplomacia econômica*: deu-se na segunda conferência da FAO – Organização de Alimentação e Agricultura, em Atlantic City.

e) *A conferência de Bretton Woods*: Campos participou da conferência, a despeito de ser terceiro-secretário de embaixada, realizada em New Hampshire, de 1º a 22 de julho de 1944, com a participação de representantes de 44 países; a delegação mais brilhante, segundo Campos, era a da Inglaterra: o chairman era Lord Keynes, famoso pelo livro clássico, intitulado "A teoria geral do emprego, juros e moeda".

Ao longo de todo o livro, Roberto Campos conta piadas ou episódios engraçados ocorridos nos eventos de que participou. A respeito de Bretton Woods, ele conta que a conferência foi realizada em hotel bucólico no vilarejo, situado nas montanhas de New Hampshire. O único participante a quem foi permitido levar a esposa foi Keynes, a bailarina russa Lydia Lopokova. Os demais participantes foram forçados a vida celibatária durante as três semanas do evento. A piada contada por Campos: esta organização da forma como se deu foi truque diabólico do presidente da delegação americana, o secretário do Tesouro, Henry Morgenthau, porque, depois de três semanas de fome sexual, os delegados assinariam qualquer documento para escapar logo da castidade. Segundo Campos, a castidade era compulsória pelas seguintes razões: havia racionamento de gasolina, os delegados foram de trem para Bretton Woods, e não tinham forma privada de se locomover para lugares mais alegres. Para finalizar, ele complementa: como Lord Keynes tinha reputação de homossexual, provavelmente Lopokova não interferiu para impedir o completo celibato da operação.

f) *De volta à rotina*: com o término da Conferência de Bretton Woods, depois de rápida viagem ao Canadá, em companhia da mulher, Campos volta a Washington para "a infernal rotina da embaixada".

g) *Uma vacinação de realismo*: a vacinação, referida por Campos, é a constatação de que a economia brasileira paralisaria sem os fornecimentos americanos; sua "experiência de mendicância nos departamentos de Washington" atrás de licença de produção e exportação de suprimentos atestava a dependência brasileira em relação a suprimentos externos.

h) *Interlúdio acadêmico*: Campos conta que estudou economia na Universidade George Washington, curso noturno, e fez a preparação de sua dissertação de mestrado em serões na biblioteca do Congresso. O título do trabalho: "Some inferences concerning the propagation of international fluctuations". No texto, ele examinou "mecanismos de propagação de ciclos de conjuntura", tanto no campo financeiro (por meio de variações das taxas de câmbio, taxas de juros e movimentos internacionais de capitais), quanto no campo comercial (por meio de flutuações expansivas ou recessivas no comércio de mercadorias). A dissertação foi aprovada *summa cum laude* (expressão latina que significa com o reconhecimento máximo, com a maior das honras).

Ele conta que no dia 12 de abril de 1945 estava no corredor do hospital, hipertenso, aguardando a conclusão do trabalho de parto de seu segundo filho, quando uma das enfermeiras, lacrimejante, lhe disse que tinha acontecido uma coisa terrível. O presidente Roosevelt tinha acabado de falecer. Campos reagiu, instintivamente, supondo que a mulher e a criança tivessem morrido:

– Ah, que alívio!

Ele concluiu assim: "as tragédias universais não concorrem com as tragédias domésticas".

i) *O espectador engajado*: Campos relata que foi espectador interessado da cena mundial durante a II Guerra Mundial, pela imprensa, pelo rádio e pelo cinema; ainda não havia televisão na época. Ele conta os antecedentes da conferência de cúpula de Yalta (fevereiro de 1945).

Campos conta que um dos assuntos da conferência foi o *welfare state* (estado assistencialista). Bismark, chanceler alemão, já tinha projetado um sistema assistencial para seu país em fins do século passado. A origem do programa de seguridade social do trabalhismo inglês foi um relatório escrito por William Beveridge ("Relatório Beveridge"), de novembro de 1942.

Piada contada por Campos: depois do jantar, degustando o conhaque de sobremesa, no palácio Livadia, em Yalta, Churchill (primeiro-ministro inglês), Roosevelt (presidente americano) e Stálin (primeiro-ministro da União Soviética) conversavam sobre welfare state.

Churchill disse que detestava os trabalhistas de seu país, mas tinha que reconhecer que a Inglaterra, por influência do *Labour Party*, tinha implantado o *welfare state*, com o qual os homens eram protegidos "from the cradle to the grave" (do berço ao túmulo).

Roosevelt retrucou que nos Estados Unidos, injustamente acusados de individualismo, o sistema de assistência tinha avançado ainda mais, pois a proteção se estendia "from the womb to the tomb" (do ventre ao túmulo).

Stálin, com acento de ironia, redarguiu que os países capitalistas jamais conseguiriam rivalizar com os soviéticos no quesito prestação de serviços sociais, pois a proteção se estendia "from the erection to the ressurrection" (da ereção à ressurreição).

Dizem que, mais tarde, Chiang-kai-chek (presidente da República da China), inquirido a respeito do assunto, disse que o sistema a ser exaltado era o que se planejava implantar na China, com o qual a proteção iria "from the sperm to the worm" (do esperma ao verme).

Espirituoso, Roberto Campos entremeou seu livro de memórias com anedotas como esta.

Em seguida, os demais capítulos do livro são listados sem comentários – o propósito de mostrar a riqueza de fatos presenciados por Campos, com relatos das pessoas influentes envolvidas, foi atingido, e o leitor pode ter despertado seu interesse de transpor as 1.417 páginas com a leitura da obra: 3) "Nos primórdios da ONU"; 4) "Voltando à origem"; 5) "Primeiras experiências de planejamento"; 6) "A criação do Banco Nacional do Desenvolvimento Econômico (BNDE)"; 7) "Interlúdio na Califórnia"; 8) "O chapéu e a bengala"; 9) "Os anos de Juscelino"; 10) "Minhas experiências com Jânio Quadros"; 11) "Missão junto à Casa Branca"; 12) "O governo Castello Branco"; 13) "O grande desencontro"; 14) "Vinhetas da minha paisagem"; 15) "O diplomata herege"; 16) "Do outro lado da cerca"; 17) "Missão junto à corte de Saint James"; 18) "Os grandes homens que conheci"; 19) "Tornando-me um policrata"; 20) "Epílogo".

Comentário de Roberto Campos a respeito dos economistas com quem trabalhou:

– "Na minha juventude e nos anos maduros os economistas com quem mais convivi foram Eugênio Gudin, o pioneiro e o mais sábio; Octávio Gouveia de Bulhões, o mais criativo; Mário Henrique Simonsen, o de melhor instrumentação técnica; Delfim Netto, o de maior intuição política. Eu fui apenas o mais teimoso. Deles aprendi lições e com eles partilhei frustrações".

A autocrítica de seu trabalho:

– "Se tivesse de fazer uma autocrítica à luz das histórias que contei, diria que fui antes um pregador de ideias do que um operador eficaz, melhor na formulação que na articulação de políticas – possuído talvez demais da ´índole da controvérsia´, e, de menos, da ´capacidade de acomodação´ necessária ao exercício do poder".

Roberto Campos era irônico, mordaz (mais para cáustico), inteligente, crítico preciso nos seus comentários. Impiedoso com os regimes socialistas e com os que se opunham ao liberalismo. Pela forte ligação que tinha com os Estados Unidos, os adeptos da esquerda o apelidavam de "Bob Fields". Observem a mordacidade e a precisão com que definiu o PT:

– *"O PT é um partido de trabalhadores que não trabalham, estudantes que não estudam e intelectuais que não pensam".*

A respeito das esquerdas, ele disse:

– *"Nossas esquerdas não gostam dos pobres. Gostam mesmo é dos funcionários públicos. São estes que, gozando de estabilidade, fazem greves, votam no Lula, pagam contribuição para a CUT. Os pobres não fazem nada disso. São uns chatos".*

Vejam o que disse Campos de artistas e intelectuais, amantes da Lei Rouanet (de incentivo à cultura) e de caviar de boa procedência (pois não abrem mão que as ovas do esturjão selvagem sejam do Mar Cáspio, como preconizam a Rússia, o Irã, o Azerbaijão e o Cazaquistão, os maiores produtores):

– *"É divertidíssima a esquizofrenia de nossos artistas e intelectuais de esquerda: admiram o socialismo de Fidel Castro, mas adoram também três coisas que só o capitalismo sabe dar – bons cachês em moeda forte, ausência de censura e consumismo burguês. São os filhos de Marx numa transa adúltera com a Coca-Cola".*

Ele repetia estas frases com leve expressão de sorriso; não se concedia chegar à gargalhada; isto deixava para os circunstantes, o que acontecia com frequência.

QUESTÕES TRABALHISTAS

Quem mora em conjunto residencial ou em edifício passa por isso: assumir o condomínio no rodízio a que estão sujeitos os condôminos, às vezes. São raros os casos em que alguém procure o cargo por iniciativa própria. Foi o meu caso. Fui indicado pela maioria dos moradores, sem ter interesse de ser síndico. Minha motivação também foi como maneira de formalizar o condomínio como empresa, fazer os registros necessários, inclusive dos empregados. Passados já dois anos desde a aprovação da convenção, o condomínio ainda persistia na informalidade. Os síndicos indicados não tinham concluído esta etapa. Este foi o compromisso explícito que assumi: meu mandato terminaria logo que eu fizesse todos os registros necessários.

Tínhamos seis empregados: quatro porteiros e dois serventes. Um dos porteiros era mal-educado, arrogante, chegava atrasado ao trabalho, me pareceu que agia como se não tivesse receio de ser demitido. Enfim, eu o tinha como mau empregado por não respeitar as regras. Mas era sempre tolerado. As reincidências dos malfeitos sem nenhuma consequência para ele talvez o tenham levado a julgar-se inatingível. Certa feita, ele levou para casa a arma de propriedade de um condômino que ficava na mão do porteiro, quando isto era permitido pela lei. Foi demitido em razão disso. Só que em as providências prévias de repreensão, de suspensão, para que, no fim, desaguassem na rescisão contratual por justa causa. Providências não tomadas pelo síndico anterior.

Tempos depois, o condomínio recebe intimação para responder na Justiça do Trabalho: ele requeria indenização por uma série de alegações. Nesta altura, eu era o síndico, e tive que responder a questão na Justiça do Trabalho. Na audiência, tentei negociar com o advogado que representava o ex-empregado; eu o conhecia como colunista social de um dos jornais de Belém. Ele me respondeu agressivamente, rispidamente, que não tinha conversa: o condomínio tinha que pagar a indenização da forma como estava no processo.

Esta foi a primeira vez em que estive em um tribunal. Reconheço: despreparado para a defesa do condomínio que eu representava. Ficou-me um gosto acre na boca, pois conhecia bem o empregado e a justeza da demissão. Na saída do prédio do tribunal, carregava a pergunta: é aqui que se faz justiça?

Depois do episódio, concluí que os empregadores estão sujeitos a estas situações se não agirem de acordo com a lei, antes de uma demissão por justa causa, tomar todas as cautelas constantes da lei, para não dar mínima chance para maus empregados conseguirem reparação na Justiça. É vã a expectativa de que a Justiça prevaleça sem essas condicionantes. Felizmente, este tempo ficou para trás com a atualização da legislação ocorrida em 2017.

Agora, com as mudanças trazidas pela lei 13.467/2017, que entraram em vigor em 11/11/2017, mais de 200 dispositivos da CLT foram alterados.

Para citar um exemplo: antes a lei não previa que o trabalhador pudesse pagar os honorários do advogado da parte vencedora, caso viesse a perder a ação; também não havia multa por má-fé, nem custas por faltar às audiências. Com a lei em vigor, se o trabalhador faltar a audiências ou perder a ação, terá de pagar custas do processo e ainda o valor devido ao advogado da empresa acionada. Se o juiz entender que o trabalhador agiu de má-fé, poderá ser determinado o pagamento de multa e indenização à empresa.

Este único aspecto da mudança da lei fez com que as queixas trabalhistas tivessem redução acentuada. Houve redução de 45% no número de reclamações trabalhistas no primeiro trimestre de 2018 comparado com mesmo período de 2017, segundo levantamento feito pelo Tribunal Superior do Trabalho (TST).

A redução do número de queixas é explicada pelo fato de ter ficado mais caro para o empregado iniciar o processo, e também mais incerto o resultado (se perder, ele vai ter que arcar com custas do processo).

TER MUITOS AMIGOS

No tratado intitulado "Acerca do número excessivo de amigos", Plutarco (historiador e filósofo grego, 46 d.C. -120 d.C.) vê como negativo dispor de número grande de amigos. Suas razões para semelhante avaliação? Quem pensa em desdobrar-se em atendimentos das demandas de tantos amigos não conseguirá manter relacionamento genuíno de amizade; a superficialidade vai prevalecer. Segundo Plutarco, serão relações irrelevantes, superficiais – que nada têm de amizade.

Plutarco diz que, em caso de possível desventura por que passe a pessoa com grande círculo de amigos, ela vai perceber que, no fim, não tem com quem contar pela fragilidade dos laços: escassas pessoas se sentirão comprometidas com ela no seu infortúnio; é como se houvesse debandada dos que constam da lista de pretensos amigos, por não se sentirem suficientemente envolvidos.

As relações das redes sociais têm este caráter – superficialidade, nenhum compromisso entre as partes. Nada justifica chamar de amigo alguém com quem você não convive na vida real, e o faz somente no plano abstrato das redes sociais. Falta palavra ainda para esta condição, pois "amigo" não é.

ATRÁS DE EXPLICAÇÕES PARA A QUEDA

Fui encontrar em uma obra de Plutarco (historiador e filósofo grego, 46 d.C. -120 d.C.) os elementos para compreender como o ex-presidente Lula, de líder metalúrgico incontestável, criador de um partido político (Partido dos Trabalhadores), tendo alcançado o ápice com o cargo de presidente da República, teve a queda que o levou à cadeia por corrupção e lavagem de dinheiro, mentor do maior esquema de corrupção do mundo (o petrolão) e também do mensalão (apesar de não ter sido condenado neste último).

Sua condição de semianalfabeto exigia que o corpo de assessores fosse capaz, e estivesse sempre por perto para evitar alguma tomada de decisão precipitada, errada. Márcio Thomaz Bastos, advogado criminalista, seu advogado desde a época do sindicado, fez este papel mesmo no governo, quando ocupou o cargo de Ministro da Justiça (2003-2007).

Por exemplo, foi Bastos quem demoveu o ex-presidente de deportar o jornalista Larry Rohter, correspondente do jornal americano

"The New York Times", por ter escrito artigo em que dizia que o excesso de álcool estava afetando o ex-presidente; Rohter comparou o hábito do ex-presidente de "tomar bebidas fortes" com o de outro ex-presidente, Jânio Quadros (1917-1991).

Na ocasião, cogitou-se a deportação do jornalista. Bastos convenceu o ex-presidente de que a ação não tinha amparo constitucional.

Ao deslumbramento com o cargo mais importante do país, somou-se o que costuma acontecer com alguém que atinge posição de destaque: o enxame de bajuladores de toda natureza, mesmo aqueles que tinham o dever de agir de modo diferente. Era o caso do Ministro das Relações Exteriores à época, Celso Amorim, diplomata de carreira, que, segundo o jornalista Elio Gaspari, se referia ao presidente como "Nosso Guia".

Não se poderia esperar que Lula se prevenisse quanto aos bajuladores com o tratado de Plutarco, cujo título é "Como distinguir um adulador de um amigo" – ele, reconhecidamente, pouco afeito à leitura (por lhe "causar azia").

Plutarco reconhecia a perniciosidade da figura do amigo que se traveste de adulador. Porém, ele também não via inocência na vítima do adulador (claro, é o adulado), ao não perceber os sinais da adulação para rechaçá-la, devido à fraqueza de caráter e à falta de virtude.

A nocividade do adulador aflora. Segundo Plutarco, ele está sempre pronto para realçar a fragilidade de caráter do adulado. De que forma ele faz isto? Não contrariando o adulado, não o alertando de perigos iminentes, de descuidos, de negligências ou de malfeitos que possa ter cometido, venha perpetrando ou pretenda levar a efeito.

Para não contrariar o amigo, o adulador acaba por anular as características mais valiosas da amizade – a alteridade (a visão de outra perspectiva – no caso, a visão do amigo) e a consciência respectiva.

O amigo agiria de maneira diferente: sua lealdade não permitiria o tolhimento de expor seu olhar crítico, por mais que trouxesse contrariedade. A amizade pressupõe lealdade, mas não admite servilismo; havendo subserviência, está aberto o caminho para a adulação.

Segundo Plutarco, o adulador ainda leva ao seguinte perigo: como ele tudo faz para agradar, e luta pela ocupação de espaços perante o adulado, leva a que os verdadeiros amigos – que poderiam protegê-lo – se afastem, incomodados.

MORAL DA HISTÓRIA: Os ensinamentos de Plutarco são úteis para quem ocupa posição de destaque, e vê-se cercado em consequência por pessoas que se aproximam como amigas, mas são meros aduladores.

EMPREENDEDORISMO E DESENVOLVIMENTO ECONÔMICO[16]

As grandes economias do mundo mostram a importância da iniciativa empresarial para o desenvolvimento de um país. Uma economia pujante tem como base os quatro pilares do capitalismo:

– *Economia de mercado:* pouca ou nenhuma intervenção do estado na economia, deixando que os investimentos sejam feitos pela iniciativa privada; vale a lei da oferta e da procura – a qual regula os preços e os estoques de produtos, norteando os investimentos produtivos; estado intervém em situações especiais – por exemplo, para impedir a formação de cartéis, para garantir estabilidade econômica; a forte concorrência faz com que haja melhoria na qualidade de produtos e serviços disponíveis no mercado; isto leva a crescimento econômico maior e à prosperidade;

---

[16] Extraído do meu livro "Empreender é a Questão", lançado em julho/2018.

– *Lucro:* objetivo principal de quem produz – acumulação de capital;

– *Propriedade privada:* sistema produtivo pertence ao indivíduo ou a grupos privados;

– *Livre iniciativa:* a iniciativa de novos empreendimentos é das pessoas e grupos que atuam no mercado, ocasionalmente até atendendo incentivos que o governo possa vir a fazer, mas não necessariamente.

A principal crítica ao capitalismo é o fato de haver dois grupos – o dos donos dos meios de produção (os capitalistas), que é constituído de minoria; e o grupo majoritário, constituído de pessoas que vendem sua força de trabalho, em troca de remuneração que pague alimentação, saúde, transporte, lazer, etc.

O Brasil ainda é considerado um dos países mais fechados do mundo. O governo ainda concede subsídios a empresas; ainda há proteção às empresas nacionais, com sobretaxas à importação. Em estudo realizado pelo *National Bureau of Economic Research* (NBER) dos Estados Unidos, com base no índice chamado *markup*, que associa preço de venda de um produto ao seu custo de produção, constatou que o indicador do país é 1,61. Analisando a variação percentual do Brasil no período 1980-2016, observou-se que permanece a mesma. O *markup* do Chile é 1,37. O percentual de comércio exterior do PIB brasileiro que era 22% em 2000, hoje é de 27%. Ou seja, incremento pequeno nas exportações em 18 anos. E se o país não exporta é porque seus preços não são competitivos ou a qualidade dos produtos não tem padrão internacional (Canzian, 2018).

Portanto, há muito espaço para o capitalismo fortalecer-se no país, com maior crescimento da economia, mais oportunidades para novos negócios, e, consequentemente, mais oportunidades para os que empreendem realizar seus sonhos. O espírito empreendedor está por trás do desenvolvimento econômico do país.

Com a derrocada do comunismo, sinalizada pela queda do muro de Berlim e a desintegração da União Soviética, Fukuyama (1992) apontou que a democracia liberal representaria o ápice da evolução ideológica da humanidade e, por isso, se universalizaria como forma de governo.

Cabe ao Estado atuar nas áreas de saúde, educação, segurança, infraestrutura, principalmente. E, por meio de agências reguladoras, acompanhar as ações da iniciativa privada, e também criar as condições favoráveis para que os investimentos privados ocorram.

COMPORTAMENTO EMPREENDEDOR NAS ORGANIZAÇÕES[17]

As organizações precisam inovar permanentemente. A acomodação é o caminho para a falência, para a perda de mercado. Por isso, o espírito empreendedor deve ser característica de seus líderes, de seus gerentes (Dornellas, 2003).

A busca constante da inovação nas suas áreas de atuação, da racionalização de seus processos, da ampliação de seu mercado, com a oferta de novos produtos e serviços exigem comportamento empreendedor das várias instâncias da organização. Não pode haver acomodação, pois os concorrentes estão à espreita, atentos, prontos para aproveitar os flancos desguarnecidos que a organização pode deixar.

Os colaboradores de cada área devem ser incentivados a propor aperfeiçoamento dos processos organizacionais, buscando melhor forma de fazer seu trabalho, de forma mais rápida, mais econômica, para conquistar mais clientes e, consequentemente, maior lucratividade. Com isto, novos investimentos podem ser feitos, abrindo novas frentes de trabalho e de atuação da empresa.

---

[17] Extraído do meu livro "Empreender é a Questão", lançado em julho/2018.

CRIAÇÃO DE AMBIENTE FAVORÁVEL AO EMPREENDEDORISMO[18]

São formas de garantir que a organização crie ambiente favorável ao empreendedorismo, de modo que os colaboradores sejam estimulados à maior participação no âmbito da sua área de atuação, não se acomodando com as estritas atribuições da função desempenhada. Em vez disso, tenham comportamento propositivo, crítico, não se acomodem, e ajam para superar problemas existentes.

Por seu turno, a organização pode favorecer a criação de ambiente favorável à iniciativa de seus colaboradores, na medida em que os recompense por este comportamento, reconhecendo a participação deles nos resultados que forem obtidos, encorajando as iniciativas e as experimentações. Uma forma de concretizar isto é pela concessão de gratificação, ou pela retribuição com lotes de ações da empresa, ou outra forma de valorização do empenho demonstrado pelo colaborador (Dornellas, 2003).

INOVAÇÃO – IMPERATIVO ORGANIZACIONAL[19]

Como mencionado, a busca de inovação deve ser permanente na organização. Constitui a única garantia de sobrevivência dela. E isto nem é certo. É um imperativo da organização moderna – refazer-se sempre, renovar-se. Michael Porter afirma: "mude, antes que seja preciso". Jack Welch, ex-CEO da General Electric, diz na mesma direção: "Quando o ritmo de mudança dentro da empresa for ultrapassado pelo ritmo fora dela, o fim está próximo".

Portanto, o que importa é a mudança, o momento em que ela acontece. Como coisa inevitável, temos que nos preparar para ela e ser capazes de executá-la sem receios.

---

[18] Extraído do meu livro "Empreender é a Questão", lançado em julho/2018.
[19] Extraído do meu livro "Empreender é a Questão", lançado em julho/2018.

MISSÃO E VISÃO DE FUTURO SÓ NA PAREDE?

Há alguma dúvida de que, para uma instituição de ensino realizar sua missão e aproximar-se da concretização de sua visão de futuro, é necessário comprometimento de todos os profissionais que atuam em todas as instâncias organizacionais?

Há alguma dúvida a respeito da inutilidade da missão e da visão de futuro que ficam afixadas na parede e registradas no plano estratégico institucional, sem que alguém cuide cotidianamente para que elas se tornem realidade, por meio de acompanhamento e controle das instâncias inferiores?

Apenas formular a missão e a visão de futuro é suficiente para realizar uma e outra?

Duas últimas perguntas da série: é racional esperar que ocorram melhorias institucionais deixando que cada profissional faça o seu trabalho do jeito que lhe aprouver, sem articulação e coordenação dos trabalhos e sem compromisso com o alcance de metas e resultados predeterminados? É razoável que o professor trabalhe isoladamente, sem que alguém o ouça a respeito de demandas, e sem que alguém analise seus resultados?

CONCEITUANDO PARADIGMA[20]

Em sua obra "A Estrutura das Revoluções Científicas", Thomas S. Kuhn (2009), definiu paradigma como a realização científica universalmente reconhecida por um dado período de tempo, e que apresenta problemas e soluções para uma comunidade de praticantes de uma ciência. Ideias, fórmulas, leis, definições, praxes (rotinas), métodos, exemplos, modelos, deontologias (práticas éticas) e soluções adotadas por uma comunidade científica na sua atividade normal constituem, com o reconhecimento deste conjunto de valo-

---

[20] Extraído do meu livro "Empreender é a Questão", lançado em julho/2018.

res, o paradigma dessa comunidade, seu padrão, seu modelo (De Masi, 2003). Isto prevalece por um tempo: até que outro padrão se imponha, resolvendo os problemas do anterior, com vantagens. Podemos associar o conceito de paradigma ao de modelo de modo geral, seja organizacional, seja metodológico, seja tecnológico, seja psicológico, seja sociológico, seja econômico, dentre outros.

A fase que antecede a formação de uma comunidade científica comprometida com dado paradigma parece ser caracterizada por desorganização, sem acordos específicos e com solicitações cons-tantes de discussões acerca dos fundamentos da própria disciplina. D´Amore (2007) brinca a respeito desta fase, dizendo que há tantas teorias quantos pesquisadores, e contínuas solicitações de esclare-cimentos dos próprios pontos de vista e os dos outros.

Há um risco decorrente da utilização, por longos períodos de tempo, de um dado paradigma: a percepção de que aquela é a "forma certa de fazer tal coisa". Esta percepção é limitadora, equi-vocada. Novas abordagens devem sempre ser tentadas, em busca de se conseguir inovar, fazer melhor, de forma mais econômica, no menor tempo, envolvendo menos pessoas. Este apego a dado pa-drão de como se fazer algo é chamado de "paralisia de paradigma". Esta é a razão por que, quase sempre, quem provoca quebra de paradigmas é quem não utiliza o paradigma substituído. Barker (2002) afirma que o sucesso na utilização de um paradigma ofusca a percepção do novo e a sua busca.

No seu vídeo "A Questão dos Paradigmas", Barker (2002) apa-nhou o conceito de paradigma e o trouxe para a área industrial. Um dos casos que ele cita é o do relógio a quartzo suíço: em 1968, a Suíça detinha 65% do mercado mundial de relógios e 80% dos lu-cros – e tradição de 100 anos na indústria relojoeira; o Japão e os Estados Unidos não tinham participação nesta área. Apenas dez anos depois, a Suíça detinha 10% do mercado mundial e havia per-dido 50 mil dos 65 mil empregos que oferecia. Japão e Estados

Unidos passaram a dominar esta indústria. Que ocorreu? Houve uma quebra de paradigma tecnológico. A Suíça dominava o mercado de relógios mecânicos. Mas este paradigma tecnológico foi quebrado quando surgiram os relógios eletrônicos, movidos à bateria. Esta revolução tecnológica levou o mercado de relógios "à estaca zero". Barker chama este fenômeno de "Regra da Volta à Estaca Zero" (Ferrari, 2010). O sucesso do passado de nada adianta quando ocorre a mudança de paradigma.

A base para a mudança de paradigma do relógio mecânico para o relógio a quartzo foi a descoberta das propriedades deste mineral (segundo mais abundante no planeta) na geração de impulsos elétricos. Havia ainda uma vantagem adicional para a mudança: a precisão do relógio. Os relógios mecânicos apresentam desajuste de um décimo de segundo por dia, enquanto nos relógios a quartzo o erro é de um milésimo por dia. Pronto! Duas vantagens para quebrar o paradigma da indústria relojoeira: com o quartzo produzem-se relógios mais baratos e mais precisos. Como ficar ainda com os relógios mecânicos? Só mesmo como um produto *vintage* (produto clássico, antigo).

O mais curioso desta história – Barker nos diz isto no vídeo – é que a descoberta da tecnologia ocorreu em congresso realizado pela própria indústria relojoeira suíça. Mas não foi levada a sério. Nem patenteada foi pela indústria suíça. Os fabricantes do país não perceberam que o futuro da indústria estava ali. Para eles, afinal, aquele protótipo não apresentava engrenagens, mola mestra, que caracterizam os relógios mecânicos. Este fenômeno é a "paralisia de paradigma", mencionada no início. Para eles, jamais o futuro estaria ali. Não pensaram assim os representantes no evento das incipientes indústrias americana (*Texas Instruments*) e japonesa (Seiko). Viram uma oportunidade a explorar com a nova tecnologia.

Barker (2002) observa que os detentores de um paradigma, com frequência, se apegam a ele, como que paralisados pelo seu sucesso, e não buscam caminhar na direção do novo padrão. Acabam superados por quem não pertence a esta comunidade e que propõe o novo paradigma – com vantagens substantivas em relação à forma anterior, seja pela redução de custos, seja pela redução de tempo do processo envolvido, seja por possibilitar melhor controle do processo, seja pela combinação destes fatores todos. Se ele se confirma como a nova forma de fazer algo, impõe-se a mudança de paradigma.

Outro caso em que a mudança de paradigma se tornou imperativa apresentado no vídeo é o da fotografia eletrostática da xérox. O projeto de pesquisa foi apresentado para industriais da área de fotografia, mas rejeitado. Posteriormente, com a colocação no mercado das máquinas xerográficas, veio a constituir-se em um dos negócios mais rentáveis do século passado.

Barker (2002) afirma ainda no vídeo que o sucesso conseguido hoje com um modelo de negócio não é garantia de que seja mantido amanhã. Isto impõe a quem seja detentor de um negócio apoiado em dado paradigma que mantenha estudos e pesquisas sobre o próximo paradigma naquela área. Quando a mudança de paradigma se impuser, a migração para o novo padrão será mais rápida, com grande vantagem sobre a concorrência. Barker (2002) utiliza a metáfora de pilotar um carro em estrada empoeirada: quem está à frente leva grande vantagem sobre quem vem atrás. Quem está na dianteira tem visibilidade da pista para andar mais rápido, quem está atrás é prejudicado pela poeira levantada por quem está na frente, por isso precisa ir mais devagar.

São muitos os exemplos de empresas cujos negócios se apoiavam em dado padrão (ou tecnologia), mas seus dirigentes não ficaram atentos às mudanças de paradigma naquele negócio e, quando se deram conta, a empresa já tinha perdido espaço para a concorrência, e não conseguiam mais reconquistar sua posição anterior.

Para finalizar o texto do Capítulo, transcrevemos de Dolabela (2008, p. 137) três "frases para pensar", contendo erros graves de avaliação a respeito de inventos que viriam mostrar-se depois sucesso retumbante:

> Esta ´geringonça´ tem inconvenientes demais para ser levada a sério como meio de comunicação. Ela não tem nenhum valor para nós.
> *Memorando interno da Western Union, sobre o telefone em 1876.*
>
> Quem pagaria para ouvir uma mensagem enviada a ninguém em particular?
> *Sócios de David Sarnoff, fundador da RCA, em resposta à sua consulta urgente sobre investimentos em rádio em 1920.*
>
> O conceito é interessante e bem estruturado, mas, para merecer uma nota melhor do que 5, a ideia deveria ser viável.
> *Examinador da Universidade de Yale sobre tese de Fred Smith propondo um serviço confiável de malote (Smith viria a ser o fundador da Federal Express).*

PERGUNTA PARA O INÍCIO DO DIA DE TRABALHO[21]

Indico esta pergunta como a que devemos nos fazer, independentemente da área de atuação, ao iniciar as atividades de trabalho, todo dia: levando em conta o que há para fazer, como realizá-lo em menos tempo, com economia de recursos, e com melhor resultado? É a pergunta básica cujas respostas, devidamente avaliadas, possibilitarão chegar ao novo padrão de fazer algo. A insistência em obter respostas mais produtivas às questões do cotidiano nos levará a melhores resultados.

---

[21] *Extraído do meu livro "Para Ensinar Melhor" (Belém: abfurtado.com.br, 2018).*

FRASES SOBRE MUDANÇA[22]

"Mude, antes que seja preciso", Michael Porter.

"Quando o ritmo de mudança dentro da empresa for ultrapassado pelo ritmo fora dela, o fim está próximo", Jack Welch, ex-CEO da General Electric. Mundo Corporativo. No. 24. Abril/junho 2009.

O que importa é a mudança, o momento em que ela acontece. Como coisa inevitável, temos que nos preparar para ela e ser capazes de executá-la sem receios.

E O FUTURO?[23]

O próximo passo na computação é o computador quântico, capaz de fazer simulações de sistemas naturais sem precisar recorrer a aproximações. Vai resolver em segundos o que levaria bilhões de anos para o mais potente supercomputador atual. O que se pode vislumbrar em termos do software para explorar toda esta potencialidade? Que tipos de problemas poderão ser resolvidos com tal recurso computacional? (Oliveira Jr, 2017).

COMO TRATAR A BAIXA RENTABILIDADE[24]

Considere aqui uma empresa cujo fim é o lucro. Certamente o negócio dessa empresa não permanecerá rentável sempre. Como se precaver deste fato, para garantir a permanência da empresa quando a rentabilidade deixar de existir?

Possível resposta: naturalmente a empresa não pode acomodar-se com o paradigma atual; ela deve prospectar continuamente o mercado em busca de novas oportunidades, promovendo mudanças antes que a concorrência o faça, ou que o próprio mercado de-

---

[22] *Extraído de meu livro "Casos e Percepções de um Professor" [2016], p. 148. Observe que todas elas têm relação com o conceito de paradigma. Leia!*
[23] Extraído do meu livro "Empreender é a Questão", lançado em julho/2018.
[24] Extraído do meu livro "Empreender é a Questão", lançado em julho/2018.

termine, pela rejeição dos produtos/serviços oferecidos pela empresa. Um caminho de sobrevivência é a busca pelo novo paradigma na área em que a empresa atua: isto exige pesquisa contínua.

A imprevisibilidade é a tônica dos mercados competitivos. Em razão disso, a empresa deve manter atenção à melhoria contínua de seus processos, seja pela redução de custos, seja pela diminuição de tempo, de modo a oferecer a seus clientes vantagens que os concorrentes não conseguem dar.

LEI DAS CONSEQUÊNCIAS NÃO PRETENDIDAS[25]

A invenção de uma tecnologia pode ter efeitos profundos e inesperados em outras tecnologias aparentemente não relacionadas, em empresas comerciais, nas pessoas e até na cultura como um todo. Esse fenômeno é frequentemente chamado de *"lei das consequências não pretendidas"*.

Exemplos: a) Na década de 1950, ninguém poderia prever que o software se tornaria uma tecnologia indispensável para negócios, ciência e engenharia; b) Com o software, novas tecnologias foram criadas (por exemplo, a engenharia genética); c) A extensão de tecnologias existentes com o uso do software (por exemplo, a área de telecomunicações); d) O declínio de antigas tecnologias (por exemplo, a indústria tipográfica); e) A rede mundial de computadores (Internet) evoluiu e ainda vai evoluir e modificar muito a vida das pessoas e a forma como as empresas atuam.

Ninguém poderia prever que o software estaria embutido em sistemas de toda espécie: transporte, medicina, telecomunicações, militar, industrial, entretenimento, máquinas de escritório – uma lista sem fim.

---

[25] Extraído (com adaptação) do meu livro "Empreender é a Questão", lançado em julho/2018.

Que outros exemplos adicionais na área de computação (desenvolvimento de software) poderiam ser citados, que se enquadram na "lei de consequências não pretendidas"?

Como possível resposta à questão: os recursos tecnológicos que possibilitam o teletrabalho são um exemplo. A aplicação de realidade aumentada. Os sistemas embarcados em veículos, máquinas, etc. Os smartphones, que possibilitam aplicações móveis de várias naturezas. As aplicações na área de mobilidade urbana; as aplicações de controle de serviços de transporte compartilhados. Os serviços de streaming, os serviços de downloads. O jornal digital, as criptomoedas. O GPS, a tradução em tempo real. As redes sociais, que trouxeram para o plano abstrato as redes de relacionamento, as agendas. A mídia digital em substituição a VHS e fita cassete. O comércio eletrônico. A *cloud computing.* A internet das coisas. O *blockchain.* A tecnologia para tratar o *big data.* As aplicações de robótica em geral. As plataformas de vídeo, jogos, revistas, etc.

FALANDO DE CRIATIVIDADE[26]

A criatividade é a inventividade, a inteligência e o talento para criar, para inovar. Esta qualidade pode ser nata ou adquirida. É requerida desde sempre ao homem para obter a melhor solução de seus problemas. Sejam eles relacionados à alimentação, ao avanço do progresso científico e tecnológico, ao aumento da riqueza e à busca da sua distribuição, à criação de um modelo de vida que garanta paz entre os homens, e que atenue os problemas de poluição, decorrentes da exploração dos recursos naturais e do aumento populacional do planeta (De Masi, 2003; Houaiss & Villar, 2009).

De Masi (2003, p. 677) afirma que a "criatividade é uma planta delicada, a ser assistida com fantasia e concretude, com diligência ansiosa e competência científica". Planta que não pode ser confiada a gênios (criativos natos) – são raros – para atender necessidades

---

[26] Extraído do meu livro "Empreender é a Questão", lançado em julho/2018.

cada vez mais sofisticadas. Como afirmado no início, criatividade adquire-se, exercita-se.

De Masi (2003, p. 705) arremata que a criatividade não tem regras, pois nasce de "almas precoces ou senis, cultas ou primitivas, e pode assumir as formas mais diversas", algumas vezes aparentemente simples, algumas vezes supostamente complexas. A sua força reside na sua multiplicidade, nas suas direções infinitas e imprevisíveis (De Masi, 2003).

Por óbvio, o empreendedor deve ser criativo. Afinal, propor um negócio com chance de sucesso em mercado tão competitivo exige que seja criativo.

O sucesso de um negócio decorre dos seguintes fatos: o empreendedor deve propor ações em seu plano estratégico que levem ao menor custo do produto ou serviço oferecido, produzido em menor tempo, com uma quantidade menor de recursos.

É certo que a mente sem estresse fica mais apta para criar, inovar. Já o sociólogo italiano Domenico de Masi afirmava isto em seus livros "O ócio criativo" e "O Futuro do Trabalho: Fadiga e Ócio na Sociedade Pós-industrial" (De Masi, 2000a, 2000b). Estes momentos em que a mente não tem com que se ocupar, em que ela pode passear livremente, são os momentos apropriados para ideias novas fluírem. Nestes momentos é bom que haja uma forma de fazer anotação para registro dos *insights*.

Particularmente, adoto esta estratégia para escrita da série de meus livros sobre "casos e percepções". Procuro anotar ideias, casos lembrados ou imaginados, frases construídas para ser desenvolvidas adiante enquanto faço minhas caminhadas matinais pela cidade. Depois, retomo de alguma forma estes pensamentos, e os desenvolvo apropriadamente.

Uma estratégia para exercitar a criatividade: as sessões de *brainstorm*. Nestas sessões, uma equipe reúne-se para encontrar a solução de dado problema enunciado. A sessão começa com a lista de todas as ideias que os participantes consigam formular para solução do problema. As ideias são anotadas em um quadro. Toda ideia é bem-vinda. Nesta etapa, nenhuma é descartada, por mais insólita que seja. Quando o grupo não conseguir apresentar nova ideia, então parte-se para a segunda etapa, que consiste em analisar detidamente cada ideia, para determinar sua eficácia ou seu descarte. A equipe toda se concentra em avaliar a ideia, com argumentos pró ou contra. Se a ideia proposta soluciona o problema, o processo é encerrado; se não soluciona, passa-se à próxima ideia da lista, com a análise feita de forma semelhante.

Ricardo Semler (Semler, 2006), em seu livro *"Você está louco! Uma vida administrada de outra forma"*, descreve a forma como seu grupo empresarial investiga ideias para investimentos, planos de trabalho, reformulações organizacionais. Ele cita como justificativa para o título de seu livro o seguinte: se a ideia apresentada pelo colaborador na reunião mensal do comitê "C Tá Loko" não levar à exclamação do título, ela não é suficiente inovadora e não será considerada. O objetivo é contrapor-se aos padrões bem-sucedidos, ao raciocínio de "não se mexe em time que está ganhando". A ideia é exatamente mexer com o que está estabelecido.

AS RELAÇÕES ("NETWORKING")[27]

O estabelecimento de uma rede de contatos é elemento importante para qualquer profissional, em especial para o empreendedor. Esta rede de contatos é chamada de *networking*, em inglês ("trabalhando em rede", em tradução livre). A troca de informações entre profissionais com interesses comuns é um meio para firmar parcerias, fazer ou receber indicações de trabalho. Às vezes, a partir da aproximação natural na convivência em grupo, como na escola, na universi-

---

[27] Extraído do meu livro "Empreender é a Questão", lançado em julho/2018.

dade, na igreja, no clube, na vizinhança, estabelecem-se ligações que podem acabar em relações profissionais. Com o *networking*, o empreendedor exercita sua habilidade nas relações sociais. Pode ser importante para sua atividade de negócio, como pode possibilitar oportunidades para firmar parcerias atuais ou futuras.

Portanto, a habilidade de relacionar-se é fundamental para o *networking*. Não se trata de buscar relações de forma interesseira, visando usufruir vantagens. Pois, dependendo da forma como a abordagem é feita, pode ficar patente o interesse de uma das partes. O ideal é que a aproximação ocorra por interesse das partes, em que ambas se beneficiem com a parceria para troca de informações e de experiências. Se uma das partes é inexperiente e pouco pode ajudar na troca de informações, mesmo assim o outro, na relação, pode beneficiar-se com o aumento das suas referências.

Muitas vezes a ocupação de vagas, principalmente nas empresas particulares, decorre de indicações de conhecidos. Mais um ponto favorável ao estabelecimento de *networking*.

Ao participar de um grupo, sempre nos identificamos mais com umas pessoas do que com outras. Naturalmente, vamos nos aproximar das pessoas com que nos identificamos e nos afastar das outras. Tendo em vista a construção de *networking* ampla, devemos aproveitar a convivência para firmar algum relacionamento com todos, sem nenhuma exclusão.

Algumas regras aceitas do *networking*: ser muito cuidadoso com pedidos a pessoas com quem se busca relacionar; o *networking* efetivo busca auxílio mútuo; quando a reciprocidade não ocorre, há possibilidade de o vínculo não se firmar; o empreendedor deve relacionar-se com o maior número de pessoas; estabelecido o relacionamento, ele deve ser renovado com visitas, com mensagens, para não se perder.

Com o desenvolvimento e a disseminação das tecnologias digitais[28] e da internet, este conceito foi levado para o plano abstrato. Assim, o empreendedor não pode deixar de utilizar esta ferramenta digital, para ampliar e fortalecer seus relacionamentos, colocando-se disponível na rede para que potenciais clientes o vejam, como também acessando parceiros por este meio.

Com estas tecnologias, passou a ser possível a criação de comunidades virtuais, reunindo pessoas que tenham interesses comuns, facilitadas por ferramentas como, dentre outras, o Yahoo! Grupos e o Google Grupos. Uma turma de faculdade pode constituir uma comunidade, já que vai interagir pela vida a fora, compartilhando interesses. Os seguintes recursos estão disponíveis nestes serviços: lista de *e-mails*, armazenamento de arquivos, fotos, *links*, bancos de dados, enquetes, agenda (Furtado, 2014).

Da mesma forma, as redes de relacionamento (ou redes sociais): são sítios cujo objetivo é compartilhar informações, mensagens, interesses (os chamados perfis de usuários – conjunto de coisas que uma pessoa aprecia, não aprecia, *hobbies*, profissão ou qualquer outro interesse que a pessoa deseja compartilhar). São exemplos de redes de relacionamento: *Facebook, MySpace, Linkedin, Twitter, Orkut* (desativada), *Hi5.*

Dois elementos destacam-se nas redes sociais: os atores (pessoas, instituições ou grupos; os nós da rede) e suas conexões (interações ou laços sociais). Os atores representam os nós da rede. São as pessoas envolvidas na rede. Moldam as estruturas sociais por meio da interação e constituição de laços sociais. As conexões são os laços sociais (interação social entre os atores). Constituem o principal foco do estudo das redes sociais, pois é sua variação que altera as estruturas desses grupos. O capital social tem valor

---

[28] Preferimos "Tecnologias digitais" em vez de "Tecnologias de informação e comunicação".

constituído a partir das interações entre os atores sociais (Recuero, 2009).

As redes sociais podem formar-se em torno de: blogs, eventos, fotos, vídeos, redes sociais pessoais, *microblogs*, SMS, email, áudio, *wikis*, ferramentas colaborativas, redes sociais de rótulo branco. Como exemplos de cada tipo acima identificado: blogs – Word-Press, Blogspot e TypePad; software de eventos – EventFul e Zvents; como software de fotos – Flickr e Zooomr; como software de vídeos – YouTube, Kybe; redes sociais pessoais – Facebook e LinkedIn; como software de microblogs – Twitter, Joiku e Pownce; de SMS – Communications Channel; de e-mails – Bacn; de áudio – ODEO e BlogTalkRadio; de wikis – Twiki, pbwiki e welpaint; de ferramentas colaborativas – Zimbra, Google e Zoho; redes sociais de rótulo branco – Ning (Furtado, 2014).

Uma classificação das redes sociais por objetivo: de relacionamentos pessoais (Facebook, Myspace, Twitter, Tymr), profissionais (LinkedIn), comunitárias e políticas. As redes comunitárias são formadas para compartilhar os interesses de uma comunidade. Recuero (2009) relata a catástrofe ocorrida em Santa Catarina em novembro de 2008 e o importante papel desempenhado por blogs, pelo Twitter e pelas mensagens instantâneas na comunicação dos acontecimentos e na mobilização do país para a ajuda à população afetada pela tragédia. Como exemplo de rede política, Recuero (2009) cita a campanha vitoriosa de Barack Obama por meio do Twitter (na divulgação dos eventos da campanha) e na divulgação do vídeo "*Yes, we can*", postado no YouTube. Podem-se citar também as últimas campanhas presidenciais brasileiras de outubro/novembro de 2010 e 2014, em que os candidatos exploraram largamente o Twitter e os blogs (Furtado, 2014).

ASPECTOS FACILITADORES OU DETERMINANTES DE SUCESSO EM NEGÓCIOS[29]

Para que um negócio se sustente e cresça, é necessário que alguns fatores estejam presentes. Dentre eles, podemos citar: a excelência da qualidade dos produtos ou serviços oferecidos; ações efetivas de marketing para divulgação desses produtos ou serviços e para conquista de clientes.

De nada adianta ter um produto ou um serviço primoroso se os potenciais clientes não o conhecem. Daí a importância das ações para divulgação do que a empresa faz.

Outro fator relevante é a valorização do pessoal envolvido na produção ou na execução do serviço. É necessário manter o quadro de colaboradores motivados para o trabalho, de modo que a qualidade oferecida pela empresa se mantenha e até seja ampliada. Isto pode ser feito por meio de programas de treinamento, disponibilidade de ambiente de trabalho agradável, oferta de planos de saúde, concessão de gratificações ou recompensas por metas atingidas.

A gestão do negócio deve ser realizada com base ações de planejamento, em um sistema de informações eficaz para apoiar a tomada de decisões, e ações de acompanhamento e de controle das operações. Outro fator que se pode acrescentar é o compromisso com a inovação de processos e de métodos de trabalho e com a atualização tecnológica.

Em seguida, detalhamos um pouco mais dois dos aspectos mais importantes para a sobrevivência de negócios: a qualidade (total) de produtos e serviços oferecidos à clientela da empresa e o marketing (ações de divulgação da marca da empresa e de seus produtos e serviços).

Qualidade total

---

[29] Extraído do meu livro "Empreender é a Questão", lançado em julho/2018.

Um dos fatores determinantes de sucesso é a qualidade do produto ou serviço oferecido pela empresa. Se não houver excelência no que é produzido pela empresa, ela não tem condições de sustentar-se, pois os seus clientes inevitavelmente vão atrás de quem ofereça melhor qualidade.

Na literatura de administração, esta abordagem é referida como Gestão da Qualidade Total (*Total Quality Management* – TQM). Não concentra nos níveis gerenciais a preocupação pela qualidade: estende-o a todos os profissionais da empresa.

A qualidade total é entendida como a extensão do comprometimento de toda a organização com a excelência do que é produzido ou do serviço que é prestado, em todas as instâncias organizacionais (daí a palavra "total" no nome da abordagem). Particularmente, a alta administração tem papel fundamental – com a sua adesão e com o seu engajamento – para que este princípio seja internalizado pela organização. De que forma este envolvimento pode ocorrer? Pela verificação e cobrança contínuas aos níveis gerenciais e operacionais. A busca da melhoria contínua é valor reconhecido por todos. Isto se expressa pela satisfação total dos clientes da empresa. Se houver insatisfação, isto é sinal de que há algo errado ou a melhorar. O que leva à satisfação dos clientes? Ausência de defeitos no que é produzido, menor custo, melhor qualidade, melhor forma de apresentação e de entrega dos produtos, ocorrida na hora em tenha sido acertado.

O princípio que norteia a abordagem é dado pelo acrônimo PDCA (formado pelas iniciais das palavras *Plan; Do; Check; Act to correct* – Planeje; Execute; Verifique; Corrija).

Como complemento à implantação da abordagem a busca de certificação de organizações internacionais (ISO 9000, por exemplo) é um caminho natural.

Marketing

É a área de conhecimento com atuação empresarial, cujos objetivos são: identificar os anseios e as necessidades do consumidor de uma organização, e buscar formas para atendê-las.

Cabem também à área de marketing a realização de estudos para quantificação de mercado, para determinação de preços, a escolha de canais e formas de venda dos produtos ou serviços da empresa, o planejamento e a execução das estratégias de divulgação a serem adotadas pela organização e o estabelecimento de metas de venda e de estratégias para alcançá-las.

Cabe ainda à área de marketing a realização de prospecções para o desenvolvimento do negócio da empresa, para valorização da marca da empresa e para o lançamento de novos produtos ou serviços, a implementação de ações de CRM (*Customer Relationship Management* – Gestão de Relacionamento com o Cliente) para fidelização de clientes, análise de satisfação da clientela no pós-venda. As ações de Marketing visam, a um só tempo, manter os clientes que a empresa já dispõe como também conquistar novos.

Com relação aos meios de divulgação para os produtos ou os serviços da empresa, para a sua imagem, há várias alternativas a serem consideradas. A melhor escolha é aquela que alcança diretamente o cliente com interesse para o produto ou o serviço oferecido. Assim, se vamos divulgar um produto ou um serviço que interesse advogados, a alternativa de melhor custo/benefício é aquela em que a mensagem chega a este público específico. Escolher um meio que atinja um público mais amplo, como, por exemplo, um jornal local, pode ter custo alto, sem eficácia.

Dentre as alternativas de divulgação, podem-se citar: jornais locais, jornais regionais, rádios, tevês, catálogos, revistas de circulação nacional e local, campanhas de mala direta, campanhas por e-mail, campanhas em redes sociais, telemarketing, oferta de amostras de produto em locais de ampla circulação, cartazes, newsletters, participação em eventos especiais, *outdoors*, divulgação em *sites* e em portais da empresa.

A escolha do veículo de divulgação precisa ser bem estudada para alcançar seu objetivo. O meio de divulgação a ser escolhido deve ser aquele que faça com que sua mensagem chegue ao maior número de potenciais clientes do produto ou serviço ofertado com menor custo.

Abaixo, relato um caso de erro que cometi nessa área, decorrente de desconhecimento. Por limitação de recursos e voluntarismo, às vezes, o empreendedor toma decisões sem base em informação. E paga caro por isto. Depois do episódio, ele constata o erro cometido. E aprende! Aprendizado caro! Não é a melhor forma de aprender, certamente. Há duas formas de aprender com o erro: com os próprios erros ou com os dos outros. A aprendizagem com o erro dos outros se dá por leitura, por vídeo, por contato direto com quem detenha conhecimento na área em questão. A aprendizagem com os erros próprios é inevitável, às vezes: ocorre quando somos levados a tomar decisão sem dispor das informações necessárias. Leia a nota abaixo intitulada "Erro é para aprender".

ERRO É PARA APRENDER[30]

Em iniciativa empreendedora, aprende-se muito. Foi assim comigo e meus sócios. Nada conhecíamos de marketing. Sempre achamos que podemos fazer qualquer atividade que exija conhecimento técnico. Às vezes, as condições financeiras impõem isto.

Ora, quem está iniciando uma empresa não dispõe de recursos suficientes para dar conta de todas as necessidades da partida: conhecimento contábil, cálculo dos tributos, conhecimento mercado-

---

[30] Extraído de FURTADO, Alfredo Braga. "*Casos e Percepções de um Professor*". Belém: abfurtado.com.br, 2016, p. 145-148. Leia!

lógico, legislação de pessoal, além de tudo que diga respeito à legislação referente à própria área do negócio.

Precisando ampliar o número de clientes, sabíamos que tínhamos que divulgar nossos serviços utilizando os meios de comunicação. A primeira dúvida: qual escolher? Rádio, jornal, mala direta, televisão, outdoor, panfletagem, internet, etc.?

O natural seria procurar um especialista na área de marketing, por intermédio de uma agência de publicidade. Esta solução esbarrava, porém, numa dificuldade: inexistência de recursos para pagar este trabalho. O novel empreendedor decide, então, ele próprio fazer os anúncios.

Foi o que fizemos. Preparamos o anúncio e escolhemos o meio de divulgação que julgávamos adequado para difundir nossos serviços. Optamos por anunciar em jornal. Procuramos o de maior circulação para publicar o anúncio, em edição dominical. Esta edição é a mais cara, pois a tiragem do jornal é maior nos domingos.

Anúncio pronto, meio de comunicação escolhido, enviamos o trabalho para publicação. Julgávamos que na segunda-feira mesmo começaríamos a ampliar o número de clientes do serviço que oferecíamos.

Lamentável engano! O custo de um quarto de página na edição dominical em dado caderno custava, a preços de hoje, algo como seis mil reais. No fim da segunda-feira constatamos que tínhamos queimado este dinheiro: não tínhamos conquistado um escasso cliente sequer. Saldo: meia dúzia de ligações que não resultaram em negócio. Eu me imaginava pondo fogo em um pacote de sessenta cédulas de cem reais.

Concluímos que tínhamos que procurar uma agência de publicidade. Quem sabe um profissional especializado não nos ajudaria a alcançar o objetivo? Afinal, não é válido o ditado "cada macaco no seu galho"? Lembramos que nós mesmos criticamos os empresários que contratam profissional não especializado para informatizar suas empresas: seus resultados não são satisfatórios por causa disso. E percebemos que estávamos fazendo exatamente o que criticávamos.

Decisão tomada, procuramos uma agência. O próprio dono nos atendeu e procurou informar-se sobre o que pretendíamos anunciar. Obteve todas as informações necessárias, prometendo que, dois ou três dias depois, traria um plano de divulgação e algumas opções de anúncios para analisarmos.

Isto feito, recebemos três anúncios para análise. Percebemos que nossos serviços estavam postos usando jogos de palavras e ilustrações que chamavam atenção do leitor para a mensagem. Fizemos a escolha do anúncio entre as opções propostas pelo publicitário. Discutimos rapidamente onde anunciar. Cogitamos a televisão, mas o preço estava fora de nosso alcance. Permanecemos no jornal dominical. Assinamos a proposta de veiculação. Tínhamos trinta dias para pagar a veiculação e o trabalho da agência. Ora, com o resultado da divulgação teríamos o faturamento esperado e pagaríamos tudo. Esta a nossa esperança. Daí em diante, com os clientes conquistados, aumentaríamos nosso faturamento.

Agora vai! É pôr no jornal e ampliar o faturamento!

Mais um engano drástico! A enxurrada de ligações que esperávamos não se confirmou novamente. Mais dinheiro queimado!

Analisamos tudo o que fizemos em busca de saber onde estava o erro. Depois de discussões, concluímos que talvez o cliente que queríamos atingir com a mensagem não a estava recebendo, afinal nosso serviço era diferenciado e tínhamos certeza que havia clientela potencial para o que era oferecido.

Concluímos: a tiragem dominical é de cerca de sessenta mil exemplares, mas poucos dos nossos clientes potenciais leem o jornal. Tínhamos que redirecionar nossa publicidade. Seguidos anúncios dominicais divulgavam a empresa no mercado sem ampliar a clientela. E havia o preço (alto) desta publicidade, e não dispúnhamos de folga de recursos para isso.

A partir daí resolvemos fazer publicidade direcionada para o cliente potencial. Como oferecíamos um seminário, então deveríamos fazer com que o folheto de divulgação chegasse às mãos dos profissionais interessados no seu conteúdo. Fazendo assim, rapidamente conseguimos tornar viável o evento, a um custo baixíssimo.

A partir desta constatação, passamos a racionalizar os custos da publicidade, questionando primeiro onde mesmo estavam os clientes a serem atingidos e por que meio conseguiríamos fazer-lhes chegar às mãos as informações necessárias para sua decisão. Se o que tínhamos era um programa dirigido para advogados, como contatá-los? Ora, uma forma seria encaminhando um vendedor ao seu escritório para demonstrar-lhe o produto, se tivéssemos listagem com seus endereços. Como obter esta listagem? Poderíamos obtê-la a partir de um catálogo telefônico. Outra forma seria adquirindo da própria OAB regional. O custo para fazer com que o cliente potencial tenha ao seu alcance a publicidade é bastante reduzido.

O aprendizado que este episódio ofereceu foi valioso.

Na sua trajetória, o empreendedor comete seguidos erros. Alguns muito caros. Se tiver a percepção de identificá-los, e vier a fazer as correções devidas, terá valido para seu aprendizado.

EDUCAÇÃO FINANCEIRA[31]

É a aplicação de métodos ou procedimentos que busquem assegurar que uma pessoa use racionalmente o dinheiro que ganha (ou de que dispõe), visando, a um só tempo, evitar passar por dificuldade decorrente da sua falta, e acumular para independência futura.

---

[31] Extraído do meu livro "Empreender é a Questão", lançado em julho/2018.

O conhecimento de educação financeira garante o bem-estar da pessoa, na medida em que impede que ela vivencie situações de estresse que a falta de dinheiro acarreta. Quando ela precisar gastar, que o faça com inteligência, que evite tomar decisões erradas, precipitadas, sem pesar os riscos associados às operações que envolvem dinheiro, que possam levar à sua perda.

Desse modo, a educação financeira pressupõe disciplina no uso do dinheiro que se ganha, de forma que haja controle nos gastos, para não superar os rendimentos mensais. O saldo mensal, neste caso, é investido para consumo futuro ou para possibilitar a independência financeira, ou utilização em necessidades emergenciais. Para que isto ocorra, a pessoa precisa controlar seus gastos, planejar a utilização do dinheiro que ganha, para que o saldo mensal seja positivo. Se o saldo for negativo, significa que a pessoa precisa utilizar suas reservas ou, se não dispuser, tem que recorrer a empréstimos de terceiros, sujeitando-se ao pagamento de juros.

Havendo saldo mensal, o profissional educado financeiramente precisa recorrer a uma das formas de investimento, visando à valorização destes recursos. Há muitas formas de investimento possíveis, com ganhos diferentes, dependendo dos riscos envolvidos na aplicação: caderneta de poupança, imóveis, CDB, títulos indexados ao IPCA, fundos DI, fundos de renda fixa, ouro, dólar, ações negociadas em bolsa, e outras.

Se você consegue tornar-se investidor, isto significa fazer com que o dinheiro aplicado trabalhe por você. Kiyosaki & Lechter (2000) dizem que os pobres e as pessoas da classe média trabalham pelo dinheiro; já os ricos fazem com que o dinheiro trabalhe por eles.

Sem domínio da educação financeira é impossível conquistar a independência que garanta, no futuro, que a pessoa viva dos rendimentos do que conseguiu juntar, particularmente quando ela não tenha mais condições laborais ou quando estas condições forem reduzidas pela idade. Não estamos considerando aqui a conquista da independência por outra forma que não seja o trabalho, como é o caso de obtenção pelo acaso ou por sorte (loteria), herança, ou outras formas.

É conveniente que a aplicação dos conhecimentos relacionados à educação financeira torne-se um hábito para a pessoa. Este hábito fará com que ela forme um patrimônio sólido depois de dado período de tempo.

Com relação a investimentos para formação de patrimônio, deve-se ter preferência pela aquisição de produtos que rendam dinheiro (ativos bons – geram renda). Este é o caso da compra de um imóvel para alugar, por exemplo. Este ativo não será fonte de custo: ao contrário, o aluguel é fonte de renda. Agora analise outro caso: a compra de um imóvel na praia (é considerado ativo ruim – gera custo). Este é o tipo de investimento que, salvo se for usado com muita frequência pelo comprador, representa fonte de despesas com consumo de água, energia elétrica, segurança, caseiro, impostos. Se o comprador utiliza o imóvel somente nas férias, avalie o benefício proporcionado em confronto com o peso dos custos anuais nos rendimentos dele. Além disso, normalmente este tipo de imóvel não passa por valorização. Havendo interesse em desfazer-se dele por algum motivo, não é fácil fazer negócio com vantagem. A liquidez[32] deste tipo de imóvel é baixa (Martins, 2004).

Voltando a Kiyosaki & Lechter (2000): eles dizem que as pessoas ricas adquirem ativos bons; os pobres e a classe média adquirem obrigações, pensando que são ativos bons.

Pereira (2005) cita alguns estilos pessoais na forma de lidar com dinheiro: 1) consumista ou gastador; 2) entesourador ou poupador; 3) educado financeiramente ou consciente.

---

[32] Liquidez é a medida da facilidade com que um ativo é convertido em dinheiro, em caso de necessidade. Diz-se que a liquidez de uma casa de praia é baixa porque normalmente não é fácil vendê-la quando desejado.

O consumista é o que compra até o que não quer (compra por impulso). Segundo Pereira (2005), 60% dos brasileiros das grandes cidades têm este perfil. É a pessoa que vive intensamente o presente, não planeja, joga as dívidas para o futuro.

O entesourador (ou poupador) é o estilo dos que fizeram fortuna, movidos pelo medo inconsciente de passar dificuldades no futuro. Como sua atenção é com o amanhã, não desfrutam da vida no presente como poderiam. Quem não conhece alguém que se enquadra neste perfil? Trabalham de domingo a domingo, acumulam riqueza, vivem espartanamente, não usufruem seu dinheiro, e, no fim, deixam tudo para herdeiros, que se encarregarão de acabar com a fortuna em pouco tempo (Pereira, 2003, 2005).

A respeito do educado financeiramente, Pereira (2005, p. 106) afirma: "é a pessoa que faz tudo que quer sem problemas financeiros e não deixa de fazer nada por falta de dinheiro". A consciência com que age em relação ao dinheiro permite que viva o presente, usufrua a vida; saiba realizar seus sonhos; invista o que planeja, lidando com riscos, sem perder patrimônio.

Tudo gira em torno de dois conceitos da economia, mas aplicáveis em várias situações da vida, definidos por Giannetti (2015)[33]: troca intertemporal e termos de troca entre presente e futuro.

Troca intertemporal são escolhas feitas no tempo: opta-se por algo, com aceitação de pagá-lo já no presente para recebê-lo no futuro, ou é recebido no presente, mas o pagamento será quitado em data futura.

O primeiro tipo é a troca intertemporal na posição credora: o custo precede o benefício; um ônus é aceito no presente, mas o benefício será concedido no futuro. É o caso de pagar no presente, e usufruir em data futura.

---

[33] https://www.youtube.com/watch?v=4vYB0rgnzoU

O segundo tipo é a troca intertemporal na posição devedora. Usufrui-se agora e paga-se depois. Benefício precede o custo.

O outro conceito é o de termos de troca entre presente e futuro. Também há duas posições: credora e devedora.

O termo de troca na posição credora é o benefício adicional que espero receber por pagar no presente algo que receberei no futuro. Em outras palavras: qual é a recompensa pela espera?

E o termo de troca na posição devedora? Traz-se um valor do futuro para ser usufruído no presente.

O termo de troca entre presente e futuro é o preço da impaciência.

Quanto maior a minha urgência em obter algo, maior será o preço que eu terei que pagar para obtê-lo logo.

Na vida de uma pessoa, há inúmeras situações em que a escolha de posição credora é aceitável: em vista de algo a se conquistado no futuro, algum sacrifício é aceito no presente.

Da mesma forma, há situações em que a posição devedora é legítima e perfeitamente aceitável.

A questão colocada, objeto de pesquisa em muitas áreas de conhecimento, é: por que as pessoas se diferenciam tanto em relação às suas escolhas no tempo? Por que alguns aceitam sacrifícios consideráveis no presente em face de algo a ser conquistado no futuro? Por que outros são tão imediatistas e, para usufruir de algo logo no presente, aceitam pesados ônus que se estendem por futuro distante?

Estes conceitos são aplicáveis da mesma forma para empresas, sociedades, países.

HIERARQUIA DE LIQUIDEZ DE ATIVOS[34]

Como referido, liquidez é a medida da facilidade com que um ativo é convertido em dinheiro, em caso de necessidade. A maior liquidez é dispor do dinheiro em conta ou em espécie, acessível a qualquer momento pelo empreendedor para aproveitar situações de negócio.

Em seguida, o dinheiro aplicado em caderneta de poupança: neste caso, pode haver perda da correção de dias se a retirada ocorrer próximo do aniversário da conta.

Em seguida, vêm os fundos de renda fixa; depois, vêm as ações em bolsa: o empreendedor pode vender as ações que dispuser pelo preço da cotação do dia da venda.

Após, vêm os imóveis urbanos: havendo necessidade de vendê-los, é preciso divulgar, e não é tão rápido que se consegue; se for imóvel rural, a liquidez ainda será menor – há mais dificuldade de vender do que os imóveis urbanos.

Os proprietários de negócios próprios têm mais dificuldade de se desfazer deles (liquidez mais baixa de todas as opções mencionadas) (Halfeld, 2001).

Para conseguir independência financeira, Halfeld (2001) sugere que a pessoa procure ganhar cada vez mais dinheiro; isto implica não acomodar-se em uma função, mas trabalhar para subir na hierarquia da empresa para ocupar funções mais importantes, com direito a remuneração melhor.

De nada adianta ganhar mais, se as despesas aumentarem proporcionalmente; ele recomenda que a poupança seja prática de todos os meses. Outra recomendação é fugir de dívidas.

Desta forma, ganhando mais, e com controle dos gastos, o saldo mensal será maior. Este saldo é então todo investido (de prefe-

---

[34] Extraído do meu livro "Empreender é a Questão", lançado em julho/2018.

rência em aplicações diversas) para buscar a independência financeira. Pelo menos 10% do rendimento mensal devem ser investidos.

Outro ponto: em algum momento, procurar planejar a compra da casa própria; Outra despesa que ele recomenda é o seguro de vida e o seguro saúde.

Ele recomenda que o investidor não desconsidere o presente em termos de usufruir o que a vida proporciona, com o consumo de bens que deseje, com viagens, etc. Não descuidar de aprofundar seus conhecimentos de Educação Financeira; se possível, contar com assessoria financeira em seus investimentos. Por fim, não se deve esquecer que o dinheiro é meio para conquistar algo, não é fim em si mesmo, pelo simples acúmulo.

PONTOS DE LEGISLAÇÃO TRABALHISTA[35]

Já há bastante tempo, o país se ressentia de atualização de sua legislação trabalhista, com vista a modernizar pontos que a realidade empresarial vinha exigindo, com maior flexibilidade dos contratos de temporários e diversos outros pontos.

E também como maneira de tentar diminuir a informalidade. Dados da Pesquisa Nacional por Amostra de Domicílios Contínua (PNADC), divulgada pelo IBGE, referente ao trimestre jul/ago/set-2017, indicava que dos 91,3 milhões de pessoas ocupadas nesse trimestre, 22,9 milhões trabalhavam por conta própria, e 10,9 milhões eram empregadas no setor privado sem carteira de trabalho. Portanto, a informalidade é de 37% (IBGE, 2017).

Custo do trabalhador brasileiro

Com respeito ao custo do trabalhador brasileiro, com base no que estabelece a Constituição Federal e a CLT (Consolidação das

---

[35] Extraído (adaptado) do meu livro "Empreender é a Questão", lançado em julho/2018.

Leis do Trabalho), para cada R$ 1 que o trabalhador recebe de remuneração, a empresa paga R$ 1,03 de encargos. A incidência sobre a folha de pagamento (em %) é da seguinte ordem:

– Obrigações sociais (Previdência e FGTS) – 36;
– Tempo não trabalhado (Férias e 13º salário) – 52;
– Incidência cumulativa – 15;
– Total – 103%.

Reforma trabalhista de 2017

Será dado destaque para os pontos mais relevantes nesta apresentação resumida.

O principal tópico é a prevalência do negociado sobre o legislado. Isto já estava disposto da Constituição de 1988 (a negociação coletiva), com o reconhecimento das convenções e acordos coletivos. O projeto aprovado só regulamentou a norma constitucional.

Segundo Schwartsman (2017) e Cavallini (2017), não houve retirada de direitos do trabalhador com a reforma trabalhista aprovada pelo Senado Federal em 11/3/2017, e que entrou em vigor em 11/11/2017.

Houve alteração em alguns pontos: férias, jornada de trabalho, remuneração e plano de carreira; foram implantadas e regulamentadas novas modalidades de trabalho – trabalho remoto (home office) e trabalho intermitente (por período trabalhado), a contribuição sindical deixou de ser obrigatória. Não se aplica a contratos que não sejam regidos pela CLT (Cavallini, 2017).

O tempo que o empregado leva de casa até o trabalho em transporte oferecido pela empresa não é mais computado na jornada.

O questionamento de direitos trabalhistas na Justiça fica bem mais rigoroso; se o trabalhador faltar à audiência ou se perder a ação, terá que pagar as custas processuais e os honorários da parte contrária. Se o juiz entender que o empregado agiu de má-fé, ele pode atribuir multa e pagamento de indenização pelo empregado. Nas ações por danos morais, a indenização por ofensa grave cometida pelo empregador está limitada a 50 vezes o último salário contratual do empregado. É obrigatório especificar na petição inicial os valores pedidos nas ações (Cavallini, 2017).

Trabalho intermitente

Nova modalidade de trabalho, paga por período trabalhado. O empregado tem direito a férias, FGTS, previdência e 13º salário proporcionais. O empregado recebe o salário-hora – este valor não pode ser inferior ao valor correspondente do salário mínimo, nem ao valor pago aos empregados que exerçam a mesma função na empresa. A chamada do empregador deve informar a jornada a ser cumprida com pelo menos três dias corridos de antecedência; um dia é dado para o trabalhador dizer se aceita.

Férias

As férias podem ser parcelas em até três períodos; um dos períodos deve ser maior que 14 dias; os outros dois períodos devem ter no mínimo 5 dias cada um. As férias não poderão começar nos dois dias que antecedem um feriado ou nos dias de descanso semanal (sábados e domingos).

Homologação de rescisão de contrato

Pode ser feita na empresa; não há mais obrigatoriedade de ocorrer nos sindicatos ou nas Superintendências Regionais do Trabalho.

Acordo Coletivo

As convenções e os acordos coletivos prevalecem sobre a legislação nos seguintes pontos, jornada de trabalho, intervalo, banco de horas, plano de carreira, home office, trabalho intermitente, remuneração por produtividade.

Home Office o Teletrabalho

Nesta modalidade, não há controle de jornada; a remuneração é por tarefa. O contrato de trabalho estabelece as atividades desempenhadas, as regras para equipamentos e as responsabilidades pelas despesas. O eventual comparecimento do empregado às dependências do empregador para realização de atividades específicas não descaracteriza o teletrabalho.

Terceirização

Haverá quarentena de 18 meses para que o empregado efetivo seja demitido e recontratado como terceirizado. O empregado terceirizado tem as mesmas condições de trabalho dos empregados da empresa-mãe: atendimento em ambulatório, alimentação em refeitório, segurança, transporte, capacitação e qualidade de equipamentos de trabalho.

Autônomos

A empresa pode contratar profissionais autônomos; ainda que haja relação de exclusividade e continuidade, isto não configura vínculo empregatício.

Banco de horas

A compensação de horas extras em outro dia de trabalho ou por meio de folgas pode ser negociada entre empresa e empregado, desde que se dê no período máximo de seis meses. Se as folgas não forem dadas neste período, o empregador pagará em horas extras com acréscimo de 50%.

Jornada parcial

Os contratos de trabalho podem prever jornada de até 30 horas semanais, sem possibilidade de horas extras, ou até 26 horas, com até 6 horas extras, pagas com acréscimo de 50%.

Jornada 12 x 36

É permitida a jornada em um único dia de até 12 horas, seguida de descanso de 36 horas, para todas as categorias, desde que acordado entre empregador e empregado.

QUE É UMA STARTUP?[36]

Startup é uma pequena empresa, em fase de afirmação, com atuação na área de tecnologia, mas cujos produtos se encontram em fase de aperfeiçoamento e cujos clientes são identificados e contatados. O objetivo principal da *startup* é consolidar-se, seja pela conclusão do seu produto ou pela formalização do seu serviço e pela conquista de clientela que a viabilize.

O nome *startup* popularizou-se por ocasião da chamada bolha da internet, evento especulativo ocorrido no fim da década de 1990, com alta das ações das empresas "ponto com" – empresas de tecnologia baseadas na internet.

Características das startups

Além de ter base tecnológica, as *startups* têm como característica a proposta de um modelo de negócio inovador – escalável, de baixo custo, com base em ideia inovadora. Modelo escalável é aquele que se pode reproduzir repetidamente em grande quantidade, com ganho de produtividade, sem aumentar significativamente os custos de operação. Apesar de mais frequentes na internet, as *startups* podem existir em qualquer área.

Uma dificuldade presente em qualquer negócio em fase inicial de consolidação é a questão dos investimentos para instalação. Não poderia ser diferente com as *startups*, em que a incerteza é grande. Afinal o modelo de negócio encontra-se em formalização. Neste caso, o investimento é considerado de alto risco. Existem investidores que prospectam oportunidades para incentivar, analisando os modelos de negócio propostos pelos empreendedores.

---

[36] Extraído do meu livro "Empreender é a Questão", lançado em julho/2018.

Entre os apoiadores das *startups*, estão também as incubadoras e as aceleradoras. As incubadoras oferecem suporte (de infraestrutura e gerencial) para o desenvolvimento de ideias das *startups*. As aceleradoras oferecem processo de inscrição para seleção dos projetos a serem apoiados, com direito a financiamento, em troca de participação em cotas ou acionária.

Ferreira (2017), em seu trabalho de conclusão de curso de graduação em ciência da computação, intitulado "Meta-startup: uma Metodologia para o Desenvolvimento de Startups", implementou um aplicativo para suporte à gerência e ao desenvolvimento de ideias que possam tornar-se startups. Ferreira destaca a importância da existência de um ecossistema que estimule o desenvolvimento empresarial e promova a inovação como fundamento. Isto impulsiona o amadurecimento do empreendedor.

Ele cita como exemplos de ambientes com esta característica o Vale do Silício (Estado da Califórnia, Estados Unidos) e a cidade de Tel Aviv (Israel). Aliás, Israel é considerado o paraíso das *startups*; para ratificar esta posição, ocupa segundo lugar (atrás da China) entre os países com maior em número de empresas na Nasdaq (a bolsa americana para empresas de tecnologia).

No Brasil, o polo tecnológico de Campinas, o parque tecnológico Porto Digital (Recife), o San Pedro Valley em Belo Horizonte, o Sapiens Parque em Florianópolis, o parque tecnológico da UPFA em Belém, dentre outros.

Exigências do modelo startup

Há necessidade de um paradigma gerencial para tratar das *startups*, e que leve em conta as particularidades da proposição de um produto inovador, ainda em consolidação, atrás até de identificar claramente quem são seus clientes.

Steve Blank & Bob Dorf (2014) apud Ferreira (2017) apontam que as empresas lançavam seus produtos no mercado, durante o século XX, seguindo modelo padrão de gestão de produto, composto das seguintes fases: conceito, desenvolvimento do produto, teste alfa/beta, lançamento da primeira versão. Na fase de concepção, clientes potenciais do produto são consultados para obter-se o "conceito" do produto que os clientes desejam. Esta abordagem não é aplicável às startups pelo fato de os clientes inexistirem, como também não há marca lastreada no mercado por trás do produto para sustentá-lo.

Não é difícil presumir que a mortalidade de startups (assim como acontece com microempresas) seja grande e a maioria delas desaparece depois de pouco tempo, em vista de não conseguirem reunir a clientela que as tornem lucrativas. Eric Ries (2012) apud Ferreira (2017) afirma que, para um caso de sucesso, há inúmeros registros de fracasso.

Definição de startup

Steve Blank & Bob Dorf (2014) *apud* Ferreira (2017) afirmam que *startup* é uma empresa que ainda se encontra em busca de um modelo de negócio que seja viável, repetível e escalável. Eles acrescentam ainda como característica – ser inovadora; mas não só inovadora, que seja disruptiva, ou seja, que provoque ruptura de padrões, modelos ou tecnologias estabelecidas no mercado. As incertezas normalmente associadas às startups são: existem clientes para o produto em número que o torne lucrativo, o modelo em si é lucrativo, o modelo é repetível facilmente.

Startups e aplicativos móveis

A expansão dos dispositivos móveis em decorrência da evolução tecnológica fez com que houvesse a consolidação das plataformas móveis. Isto tem propiciado que as organizações busquem ferramentas de apoio estratégico a seus negócios por meio desta plataforma.

Dentre as diversas aplicações que alcançaram enorme sucesso nesta plataforma, citam-se: Uber, Waze, Instagram, WhatsApp, Nu-Bank (Ferreira, 2017).

Startups brasileiras de sucesso

Easy Taxi, Skoob (rede social de leitores), Hotmart (plataforma de produtos digitais), Méliuz (clube de viagens), OrçaFascio (orçamentação de obras de construção), dentre muitas outras.

Informação adicionais a respeito da *startup* OrçaFascio, extraídas de entrevista que os idealizadores concederam ao site Projetodraft.com (Dalmolin, 2017): pude acompanhar desde o início há seis anos as várias etapas por que passou a empresa, administrada por Antonio Fascio e Fábio Santos; eu os conheci na Faculdade Atual, em Macapá/AP, e reconheci desde logo que chegariam longe com seus sonhos (e a com a capacidade de realizá-los) e devido à excelência de seu produto.

Hoje, o OrçaFascio é o maior site de orçamentação de obras de construção civil do país, com 47 mil usuários cadastrados; a taxa de crescimento é de 135% ao ano. Dentre os clientes da OrçaFascio, incluem-se instituições de grande porte e reconhecidas nacionalmente, como Infraero, Embrapa, Sabesp, Exército Brasileiro. A startup já tem parceiros que comercializam sua tecnologia em Angola, Portugal e Estados Unidos. Há previsão de abrir escritório no Canadá em 2018.

REFERÊNCIAS

ALONÇO, A. F. *Plano de Aula: Combinatória*. *In*: "Nova Escola" edição especial no. 35 Planos de Aula 2 – Matemática. Janeiro/2011; p. 46-47.

BARKER, Joel Arthur. Vídeo *"A Visão do Futuro"*. São Paulo: Siamar, 2002.

BERMÚDEZ, Ana Carla. *Dez universidades brasileiras deixam ranking das mil melhores; 4 entram*. Disponível em folha.uol.com.br. Acesso em 5/9/2017.

BRITO, A. S. *O Uso das Moedas e os Decimais*. *In*: "Nova Escola" edição especial no. 35 Planos de Aula 2 – Matemática. Janeiro/2011; p. 42-43.

BROOKS, Frederick. *The Mythical Man-Month: Essays on Software Engineering*. Boston (USA): Addison-Wesley, 1995.

CANZIAN, Fernando. *Brasil precisa de mais Abertura e Capitalismo, não de menos*. 12/7/2018. Disponível em: www.folha.uol.com.br. Acesso em 12/7/2018.

CAVALLINI, Marta. *Nova lei trabalhista entra em vigor no sábado; veja as principais mudanças*. 10/11/2017. Disponível em: g1.globo.com. Acesso em 02/07/2018.

CHIAVENATO, I. *Administração nos Novos Tempos*. 2ª ed. Rio de Janeiro: Campus, 1999.

DALMOLIN, Luana. *Como os Amapaenses da OrçaFascio criaram a maior Plataforma de Orçamento de Obras do País*. 26/12/2017. Disponível em: projetodraft.com. Acesso em 05/07/2018.

D´AMORE, Bruno. *Elementos de Didática da Matemática*. São Paulo: Livraria da Física, 2007.

DE MASI, Domenico. *O Ócio Criativo*. Rio de Janeiro: Sextante, 2000a.

DE MASI, Domenico. *O Futuro do Trabalho: Fadiga e Ócio na Sociedade Pós-industrial*. Rio de Janeiro: José Olympio, 2000b.

DE MASI, D. *Criatividade e Grupos Criativos*. Rio de Janeiro: Sextante, 2003.

DOLABELA, Fernando. *Oficina do Empreendedor*. Rio de Janeiro: Sextante, 2008.

DORNELAS, José Carlos Assis. *Empreendedorismo Corporativo: Como Ser Empreendedor, Inovar e se Diferenciar em Organizações Estabelecidas*. Rio de Janeiro: Elsevier, 2003.

FERRARI, R. *Empreendedorismo para Computação: Criando Negócios de Tecnologia*. Rio de Janeiro: Elsevier, 2010.

FERREIRA, Paulo Weskley de Almeida. *Meta-startup: uma Metodologia para o Desenvolvimento de Startups*. 2017. 127f. Monografia. Orientador: Alfredo Braga Furtado. (Curso de Bacharelado em Sistemas de Informação) – Instituto de Ciências Exatas e Naturais, Universidade Federal do Pará, Belém.

FURTADO, A. B. *Avaliação do Uso de Tecnologias Digitais no Apoio ao Processo de Modelagem Matemática*. 2014. 186f. Tese (Doutorado em Educação Matemática) – Instituto de Educação Matemática e Científica – Universidade Federal do Pará, Belém.

GIANNETTI, Eduardo. Vídeo *"O Valor do Amanhã"*. Disponível em: https://www.youtube.com/watch?v=4vYB0rgnzoU. Postado em 07/6/2015. Acesso em 11/07/2018.

HALFELD, M. *Investimentos: como administrar melhor seu dinheiro*. São Paulo: Fundamento Educacional, 2001.

HELDMAN, KIM. *Gerência de Projetos: Guia para o Exame Oficial do PMI*. Rio de Janeiro: Elsevier, 2006.

HOUAISS, Antônio; VILLAR, Mauro de Sales. *Dicionário Houaiss da Língua Portuguesa*. Rio de Janeiro: Objetiva, 2009.

IBGE. *Informalidade Aumenta e Continua a Reduzir o Desemprego*. 31/10/2017. Disponível em: agenciadenoticias.ibge.gov.br. Acesso em 02/03/2018.

KIYOSAKI, Robert T. & LECHTER, Sharon L. *Pai Rico, Pai Pobre: o que os Ricos ensinam a seus Filhos sobre Dinheiro*. 40ª ed. Rio de Janeiro: Campus, 2000.

KUHN, Thomas S. *A Estrutura das Revoluções Científicas*. 9ª ed. São Paulo: Perspectiva, 2009. (Coleção Debates)

MARTINS, José Pio. *Educação Financeira ao Alcance de Todos: Adquirindo Conhecimentos Financeiros em Linguagem Simples*. São Paulo: Fundamento Educacional, 2004.

MASIERO, P. C. *Ética em Computação*. São Paulo: Edusp, 2000.

OLIVEIRA JR, Ivan dos Santos. *Computador quântico já está chegando e vai levar tecnologia a uma nova era*. Disponível em: www.folha.uol.com.br. Acesso em 04/11/2017.

PAGNONCELLI, D.; VASCONCELLOS FILHO, P. *Sucesso Empresarial Planejado*. Rio de Janeiro : Qualitymark, 1992.

PDI UFPA 2016-2025. *Plano de Desenvolvimento Institucional 2016-2025*. Disponível em: www.portal.ufpa.br. Acesso em 20/01/2018.

PEREIRA, G. M. G. *A Energia do Dinheiro: como fazer Dinheiro e desfrutar dele*. 3ª ed. Rio de Janeiro: Elsevier, 2003.

PEREIRA, G. M. G. *As Personalidades do Dinheiro: Como Lidar com Dinheiro de Acordo com o seu Estilo Pessoal*. Rio de Janeiro: Elsevier, 2005.

PILETTI, C. *Didática Geral*. São Paulo: Ática, 2000 (Série Educação).

PRESSMAN, R. S. "Engenharia de Software". 5ª ed. Rio de Janeiro: McGraw-Hill, 2002.

RECUERO, R. *Redes Sociais na Internet*. Porto Alegre: Sulina, 2009 (Coleção Cibercultura).

SCHWARTSMAN, Sérgio. *As Principais Mudanças Trazidas pela Reforma Trabalhista*. 04/08/2017. Disponível em: http://www.chumbogordo.com.br. Acesso em 13/07/2018.

SEMLER, Ricardo. *Você está louco! Uma Vida Administrada de Outra Forma*. Rio de Janeiro: Rocco, 2006. (Administração & Negócios).

www.ingramcontent.com/pod-product-compliance
Lightning Source LLC
Chambersburg PA
CBHW071552200326
41519CB00021BB/6714